直播营销

直播正在颠覆自媒体内容营销，你准备好了吗

唐观友　阙语莹◎著

中国商业出版社

图书在版编目（CIP）数据

直播营销 / 唐观友，阙语莹著. -- 北京：中国商业出版社，2022.2
ISBN 978-7-5208-1251-1

Ⅰ. ①直… Ⅱ. ①唐… ②阙… Ⅲ. ①网络营销 Ⅳ. ① F713.365.2

中国版本图书馆 CIP 数据核字 (2020) 第 168303 号

责任编辑：杨林蔚　佟　彤

中国商业出版社出版发行
（www.zgsycb.com 100053 北京广安门内报国寺 1 号）
总编室：010-63180647　编辑室：010-83118925
发行部：010-83120835/8286
新华书店经销
香河县宏润印刷有限公司印刷
*
710 毫米 × 1000 毫米　16 开　12.5 印张　150 千字
2022 年 2 月第 1 版　2022 年 2 月第 1 次印刷
定价：58.00 元
* * * *
（如有印装质量问题可更换）

前言

最近几年，网红直播呈井喷式发展，各类直播平台相继涌现，互联网巨头纷纷参与到了这场直播盛宴中，其中以游戏直播、体育直播、秀场直播最为火爆。在游戏直播中，诞生了斗鱼、熊猫、虎牙、全民、龙珠等平台；在体育直播中，诞生了直播吧、风云直播、乐视体育、章鱼 TV 等平台；在真人秀场直播中，出现了映客、花椒、一直播、陌陌等平台。

直播营销可以让用户有更多的参与感，更加深入地了解产品的来龙去脉，例如《百鸟朝凤》事件。通过这场直播营销，人们知道了《百鸟朝凤》是吴天明导演的最后一部呕心力作，了解了其付出的各种艰辛和其中的不易。

互联网时代，大众更愿意关注热点事件，喜欢集体性地吐槽。因此让用户参与到品牌的建设过程中，就能增加大众对品牌后期的认同感。

社交 1.0 时代，博客、贴吧、BBS 论坛，造就了第一批“网红”。

社交 2.0 时代，微博、微信，有着更广泛的受众群体，用户黏性更强，培养了人们的社交习惯，迎来了自媒体市场蓬勃发展的时机。

直播，是社交 3.0 的入口，满足了当今社会 90 后、00 后“求关注”“渴望”“想火”的社交诉求。同时，借助移动互联网技术和端口的流量，还能创造出更多的颠覆性机会，对互联网营销格局产生巨大的影响，重新开启一个新时代。

直播营销之所以发展如此火爆，原因不外乎这样几个：

一是移动网络提速和智能设备的普及。随着移动网络的提速，涌现出了像花椒一样的直播平台，受到资本市场的关注。视频直播比以往更加流畅，再加上智能手机的普及，让人们逐渐摆脱了无线网络和电脑，可以直接通过手机将视频拍摄上传，视频直播的场景更丰富，企业也就有了全新的营销机会，可以更加立体地展示企业文化，发出声音，而不再仅仅依靠微博和微信。

二是企业需要更立体的营销平台。过去几年，很多企业都在微博、微信上开通了账号，将其作为企业品牌营销和文化传播的标配。不过，这些方式都是以图文为主，微信上的传播方式可能更多一些，比如，H5游戏或展示页面。信息泛滥的时代，单纯的文字传播很可能被忽略，直播的兴起，正好弥补了这一缺憾。

三是网友喜欢看视频。无论是移动互联网时代的机遇，还是企业营销的需求驱动，根本还在于用户愿意在平台上"玩耍"，愿意将时间花在视频平台上来创造内容和浏览内容。

以上三个原因综合作用的结果就是直播营销的盛行。

企业营销活动就是要研发出满足用户需求的产品，将产品价值呈现给用户从而实现价值交换。而在产品已经成形的前提下，企业营销的重点是呈现产品价值、实现价值交换。

在传统的市场营销活动中，企业呈现产品价值主要依靠户外广告、新闻报道、线下活动等形式；企业实现价值交换，主要依赖于推销员销售、自动售货机贩卖、电话下单与发货等方式。而直播的出现，给企业创造了新的营销机会。借助直播，企业可以支付更低的营销成本，收获更快捷的营销覆盖，实现更直接的营销效果，收到更有效的营销反馈。

一是更低的营销成本。传统广告营销方式的成本越来越高，楼宇广告、车体广告、电视广告等费用从几十万元到上百万元不等。直播营销刚兴起时，企业可以用较低的成本获取用户、销售产品；但随着淘宝、百度等平台用户的增加，无论搜索引擎广告还是电商首页广告，营销成本都开始变高，部分自媒体“大号”的软文广告甚至超过了50万元。直播营销对场地、物料等需求较少，是目前成本较低的营销形式之一。

二是更快捷的营销覆盖。用户在网站浏览产品图文或在网店翻看产品参数时，需要在大脑中自行构建场景。直播营销完全可以将主播试吃、试玩、试用等过程直观地展现在用户面前，将用户带入营销所需场景。

三是更直接的营销效果。用户购买商品时会受环境影响，看到有人下单或觉得主播使用这款产品效果不错，就会直接下单。因此在设计直播营销时，要重点策划主播台词、优惠政策、促销活动。

四是更有效的营销反馈。在产品已经成形的前提下，企业营销的重点是呈现产品价值、实现价值交换；但为了持续优化产品及营销过程，还要重视营销反馈，了解顾客意见。直播互动是双向的，主播将直播内容呈现给用户的同时，用户也可以通过弹幕的形式分享体验。因此，企业可以借助直播，收到用户的使用反馈，也可以收获用户的观看反馈，便于下一次直播营销时修正。

直播得益于其独特的形态，突破了传统跨界营销的桎梏，将线下内容搬到线上，通过多样化的交互形式，给用户留下了深刻印象。

直播行业的发展已经超过10年，尝试直播营销的企业并不多。但由于直播营销成本更低、覆盖更快捷、效果更直接、反馈更有效，因此越来越多的企业一定会借助直播进行营销推广。而事实也证明，借助直播营销，确实能提高产品宣传效果，提高产品销量。

梳理直播营销的发展路径，笔者对其有了更深的感悟。笔者深信：只要合理使用直播营销，企业和商家一定能取得不错的营销效果。为了帮助中小企业及商家掌握直播营销的要领，我们特意编写此书。

该书从市场变化入手，对直播营销进行了全面解读，内容涉及消费者行为偏好、直播营销的产品策略、互动沟通、优化策略、借势借力、目标的制定和执行等，要点突出，概括性强。

任何新事物的出现，都会为营销提供助力，只要能突破传统思维的禁锢，转变思维，营销也将变得轻而易举！

目录

catalogue

第一章 依循数字化时代的市场变化，全面解读直播营销

在互联网发展迅速的今天，任何媒介形式都不可能独立存在，他们互相依靠、互相合作，在利益互惠的前提下推动彼此发展、催生新的产品，从而带动一个产业的发展。

一、从游戏附属品到资本风口，全面了解直播市场的风云之路

2016 年被认为是“中国直播元年”。因为这一年，视频直播节目的收视率超过以往任何时代；也因为“直播”成为创业圈中的第一热词，被创投行业和资本市场疯狂关注；还因为越来越多的人群加入到网络直播行业，几乎所有的社交软件、电商、媒体 App 都做起了直播。可以说，在这一年，“全民直播”时代轰然而至！

1. 起始于传统媒体，乘互联网之风而生

因网络直播与电商、网游等互联网行业有着极强的关联，似乎是互联网的衍生行业之一。其实不然，“直播”一词的出现要更早一些。

在传统媒体时代，“直播”是“现场直播”的简称，是指电视、电台等传

播媒体节目的录影与广播同步进行的播出方式。这时的“直播”，是媒体术语。

后来，随着宽频网络的日趋普及、电脑运算能力的不断提高以及智能手机的硬件升级，原本只有电子媒体才可进行的“直播”，有了新的延展，越来越多基于互联网和移动互联网的直播形式开始出现。也就是我们现在所惯用的“网络直播”。

网络直播，至今没有一个统一的学术定义。一种通俗的解释是，网络直播，是指通过终端将自己采集的视音频图像实时上传到互联网上供所有人观看。

网络直播，从兴起到现在虽然只有十多年的时间，但已经经历过默默无闻的探索期、炙手可热的爆发期、成王败寇的洗牌期，然后又经过多行业融合的蜕变期，才成为如今我们所看到的“直播”。

2. 从游戏语音中萌芽，借助电竞行业的蓬勃发展而生

回顾十多年前，网络直播的出现，看起来更像是一种偶然。

2006 年，网络游戏“魔兽世界”风靡全球，很多国内的年轻人开始喜欢玩这款游戏。但这款游戏是需要团队联合作战的，年轻的玩家们迫切需要一个支持多人在线语音的工具，但当时的 QQ 语音在音质与网络稳定性方面都达不到需求，于是，市场上就出现了专为网游设计的语音软件，YY 语音最终从诸多非专业游戏语音软件中脱颖而出，获得了大量的用户基础。

拥有稳定的用户之后，YY 发现，很多游戏玩家在打副本之余还会进行一些团队内的娱乐活动，如唱歌等，于是就推出了专门的高品质娱乐房间。那时，YY 有的娱乐频道的巅峰人气甚至达到了数十万。这就是最早的网络直播雏形。

不过，真正将这种直播模式继承并完善的却不是游戏语音，而是秀场直播。

2009 年，一个叫作“六间房”的秀场直播网站进入了网民的视线。它的模式从某种程度上来说，更像是将过去的娱乐场所移植到了互联网上——观众可以通过赠送礼物的方式要求主播表演节目，来获得满足感。之后的几年，秀场直播遍地开花，在一些二三线城市中有着不错的流量。不过，由于那时网络还不够普及，人们上网的目的性相对比较明确，多数网民并不愿将时间花在看直播上，加之这种模式的内容层次较低，所以，尽管秀场直播已经稳稳地发展了一段时间，但仍没有进入大众的视野。

虽然关注度不高，但早期的网络直播，却是真真切切地存在着。真正让网络直播获得关注与认可的契机则是国内电竞行业的爆发。

2005 年和 2006 年，中国选手 SKY 蝉联 WCG（世界电子竞技大赛）两届“魔兽争霸”项目冠军，电子竞技这个话题开始被人们提及，并逐渐被人们所关注。2011 年，腾讯代理《英雄联盟》，随后《英雄联盟》成为国内最热门的竞技类游戏，并开始有大量普通玩家想学习职业玩家的技术。但由于政策对于游戏内容在电视渠道的传播限制，玩家找不到一个渠道来满足观看比赛、学习技术的诉求。

同时，YY 语音也正在面临用户增长见顶的困境，亟须通过新的内容品类来提高用户的增长率和活跃度。于是，2012 年，YY 率先推出了视频游戏直播插件，并开始与主播签约。很快，整个游戏直播行业如同坐上火箭一般，开始爆发式地增长。直到 2013 年底，公开数据显示，YY 游戏直播的 MAU（月活跃用户数量）接近 3000 万，月营收额也突破千万元。

随后的 2014 年初，ACFUN 的生放送直播正式改名为斗鱼 TV；11 月，YY 正式将旗下的直播业务分为主打娱乐直播的 YYlive 和主打游戏直播的虎牙 TV。自此，游戏直播群雄逐鹿的大幕正式被拉开。

在游戏直播行业的早期，主播，特别是头部主播对于游戏直播行业有着十分重大的影响。头部主播都是自带粉丝，对于直播平台来说能够起到拉新的作用。各家游戏直播平台为了抢夺市场，开始烧钱签约大主播。也因此，“千播大战”在 2014 年末拉开了帷幕。

2015 年 9 月，熊猫直播凭借王思聪身后充足的资本、电竞圈和娱乐圈丰富的人脉，以天价挖取了大量知名游戏主播。毫无疑问，熊猫直播此举直接将“千播大战”推向了高潮，也由此掀起了直播行业的第一轮洗牌。

又过了一年多的时间，市场格局开始初步成型。得益于丰富的资金储备，斗鱼和虎牙处于第一梯队；得益于争抢主播带来的用户流量，熊猫直播紧随其后。但同时，知名主播所带来的新增用户流量的边际效益变得越来越低。游戏内容虽然具备高粉丝黏性的特点，但由于用户的聚焦点更偏向于游戏画面而非主播，因此用户付费意愿要比秀场直播低得多。不论是斗鱼还是原本就具备 YY 血统的虎牙都发现了这一点，并希望从单一的游戏向其他领域拓展，使其成为盈利的第一步。

于是，各大游戏直播平台开始摒弃烧钱买头部主播的策略，转而开始考虑盈利问题。在 2016 年下半年，斗鱼提出“直播 +”战略，将直播扩展至娱乐、颜值、科技教育、正能量、体育等多个垂直领域。虎牙则开设了星秀、户外、美食、二次元、时尚等模块。

这意味着，网络直播开始走上了一段不同于以往的征程。

3. 内容为王的移动直播，开启全民直播时代

其实，在游戏直播平台互相血拼的时候，另外一种直播却在借势飞速发展成长。这就是移动直播。

上述的秀场直播和游戏直播，皆是基于电脑端的网站内的秀场模式。正因如此，尽管网络直播已经出现多年，却并没有爆发。直到2015年，智能手机的高速发展，4G网络的全面普及与Wi-Fi网络的大面积覆盖，从技术和使用成本两个方面为娱乐直播移动化敞开了大门。于是，越来越多的人开始用手机看直播，越来越多的娱乐主播开始用手机直播。由于拥有大量的用户支持和主播支持，中国网络直播在这个移动直播阶段，进入了全民直播时代。人们开始乐于展现自己的生活，与关注他们的人互动。

如果说秀场直播和游戏直播的竞争是一场对优秀主播的争夺，那么移动直播的竞争，则更像是对优质内容的争夺。因为移动直播时代是“内容为王”的时代。优质内容即是竞争优势。

为了获得竞争优势，直播平台一方面在内容方面将娱乐直播的范围做到了最大化与垂直化，除了传统的歌舞才艺类直播，还囊括了汽车、财经、教育等专业知识类的内容，甚至还开发了体育、旅游、美食、钓鱼、养殖、烧烤等户外内容的直播。另一方面，诸多平台还引入大量明星和各领域大咖入驻，通过让主播群体更加多元化和专业化，从而创作更多的PGC内容（专业生产内容）。

同时，随着直播行业的井喷式发展，资金、关注与流量开始向直播行业大量涌入，越来越多的传统行业的创作者，开始进入网络直播的行业。这些传统行业的人士，凭借传统行业独有的扎实的创作基础，更容易创作出优质的PGC内容。

不仅如此，由于直播行业的热度越来越高，中上下游的厂商们也都趁机推出网络直播所需要的轻量化、集成化、简单化的直播设备，直播成本的控制与所需的技术得到进一步满足。这就为普通人创作优质UGC内容（用户生产内容）提供了条件。或许未来，任何人在世界的任何地方，都可以发起一场专业的直播。

作为新一代现象级应用和网络文化表现形式，网络直播满足了国内消费升级背景下大众对互联网内容生产、文化消费、社会价值传承等方面的更高需求。这是时代的发展趋势。无论是处于创业阶段的企业还是已具规模的企业，要想在激烈的竞争中求得生存和长远发展，都必须紧跟时代发展的潮流，开放思维，顺势而为。

二、从人人自媒体到全民营销，探索直播与营销的融合模式

2020年初的疫情期间，举国上下居家隔离，诸多行业陷入困境。2020

年2月，国内大小企业一再延期复工的时候，长期备受舆论批评的直播却再次成为舆论关注的焦点——大批线下商家通过直播实现了“云复工”。此时，直播不再只是大众休闲娱乐的消遣方式，而是成为大量依赖线下场景的行业开展经营活动的自救武器。这意味着，直播在经历野蛮生长后快速洗牌分化，开始朝着专业化、优质化方向发展，并真正成为一股新的商业力量。

1. 创新直播新玩法，引得千万人围观

一种新媒介的出现，将会导致一种新文明的产生。从电视到互联网，从PC到手机端，从微博到微信，每一次的媒介变革都会带来一场营销的革命。直播，也是如此。

根据2016年的市场调查数据显示，直播的平台数量已近200家。据不完全统计，几乎每隔3小时就会有一款新的直播App出现。从腾讯系的斗鱼，百度系的云直播，新浪系的一直播，到花椒直播、映客直播，以及熊猫TV直播，各路资本争相入局。

网络直播的火爆让网红经济价值得到了更多的品牌关注，很多品牌都开始以网红直播为突破口对直播营销进行新一轮的探索，开启直播变现的新模式。

2016年5月20日，宝马新款X1进行发布。为了烘托全新X1的上市气氛，宝马举办了一场名为“敢作敢为”的音乐秀。这场音乐秀在西双版纳傣秀剧场开演，同时还采用腾讯视频、微信、QQ音乐、企鹅电视、腾讯炫镜VR等平台进行了多渠道的立体化宣传和直播。

首先是微信端，在发布会前 15 分钟宝马开始投放朋友圈广告并可以直接链接到直播内容；其次是音乐平台，在演唱会当天用闪屏、焦点图等优势资源为入口关联直播内容；再次是腾讯视频的网页端和移动端，在演唱会前对预约人群进行直播提醒；最后是腾讯客厅，用户可以在客厅享受宝马 X1 的演唱会直播。

此次直播启动了身临其境的 360 度直播，用户可以在移动端利用腾讯炫境和 VR 眼镜感受沉浸式的直播体验或在 PC 端切换到 360 度全景模式进行观看。不仅如此，主办方还在直播进行过程中设计了丰富的互动形式，观众可以通过投票为自己喜欢的歌手加油，也可以通过弹幕与其他网友交换意见，并决定宝马 X1 在现场发布会最终的亮相形式。

最终，本次发布会有超过 1050 万观众在线观看直播，并创造了 4000 万次互动、人均停留时间超过 34 分钟以及超过 22000 人预约试驾的成绩。不仅如此，由于本次宝马 X1 发布会效果超出行业均值 10 倍以上，也在第一时间引发了电视与社交媒体的自主传播与讨论。

直播品牌发布会并不是一件新鲜事。早在乔布斯时代，每年一次的苹果发布会都是直播形式，也都有众多粉丝为之守候在屏幕前。但网络直播平台上的发布会就大不相同了。它在互联网媒体的基础上，融入了传统媒体的特色，通过各种造势手段，将大众吸引到某一个平台，与某一个时段聚焦，然后通过一场精心策划过的“产品 + 场景化”的内容直播，并通过明星现场示范推荐，以及直播间内趣味性极强的互动玩法，在短短的时间里，给予消费者远远超过预期的产品体验，从而引发他们的感性消费行为。甚至，在直播结束后，也能借助足够多的话题度，激发人们的热烈讨论，从而吸引更多人的注意力。网络直播凭借这些方式得到的营销效果，自然要远远高出过去的传统营销方式。

2. 聚焦商业化发展，助力品牌主实现对内沟通和对外营销

网络直播从一种娱乐方式转为一种营销模式，以现在的视角来看，这个过程是它的一个成长历程。

2017 年，直播平台经过激烈的竞争后，网络直播的格局逐步稳定。由于用户已经有所沉淀，各个平台规模的扩张速度也开始有所放缓，从而，全民直播的风潮也开始渐渐消退。在此过程中，真正优质的 PGC 和 UGC 内容被保留了下来并成为主流。这是行业的成熟期。

在这一时期，各大直播平台为了建立起规模化的、可持续的、良性的商业模式，开始逐渐重视来自于 B 端（即使用对象是组织或企业）的收入，从而开始关注如何利用直播的优势和特点帮助 B 端广告主进行产品和品牌的营销，以实现最大限度的流量变现。这样的商业思路，对于直播平台和作为 B 端的组织或企业来说，是互惠共赢的模式。

首先，对于直播平台来说，B 端广告主一般都是有成熟商业模式和一定品牌影响力的组织和企业。直播平台与这些 B 端广告主合作，不仅可以摆脱过去大众和媒体类心目中“低俗”的负面标签，提升自身的企业形象，而且，还能够提高平台本身的商业变现能力，拓宽企业的商业资源，从而实现产业升级。因此，与 B 端广告主合作的商业模式，很快就受到了更多的直播平台的

重视。

其次，对于作为 B 端广告主的组织和企业来说，直播为他们的营销活动创造了更好的传播环境。这个结论要基于直播的三个优势：一是直播可实时互动的环境，能够为这些广告主即时收集用户反馈，使其达到最有效率的营销水平；二是由于互联网的记忆功能，直播营销的传播可以变得更加广泛和高效，录制好的直播在经过指定时间的直播后，还可以实现再次播放，形成二次营销；三是经过多年的发展，网络直播的直播内容已经逐渐被细分，形成如游戏、美妆、健身、旅行、教育、母婴类等多种垂直领域，特定直播平台的直播内容和用户群体均带有显著特点，能够实现营销的精准定位。

这是一个跨界融合和跨界变革的时代，只有开放思维、取长补短、相互合作才能获得稳定且持续的发展。直播平台和作为 B 端广告主的组织和企业显然都明白这个道理。因此，2016 年之后，网络直播便开始成为一种新的营销模式。

3. 深挖直播的拓维价值，构建全新的获客方式

直播营销的潜力和价值，并非只是直播平台与 B 端广告主的专属。除了直播平台进行了“直播 + 营销”的商业模式变革外，原本就有互联网商业基因的电商平台也进行了类似的“电商 / 营销 + 直播”的跨界融合式变革，也开启了“电商直播”的商业模式。

电商直播最早是从 2016 年开始的，比较知名的电商平台如淘宝、苏宁、

京东都相继开始试水直播。时至今日，直播业务几乎成了电商平台的标配。

与传统的游戏、音乐等直播平台依靠粉丝打赏作为主要收入来源不同的是，电商直播的目的性非常强——以商品销售为核心，以订单转化率和成交量为最主要的衡量指标。这一特点，也就造成了电商直播与其他直播平台最大的不同——前者属于内容电商，核心基础是电商业务；而后者，则还是属于社交范畴或者娱乐范畴。

在这些电商平台看来，直播并不是一种娱乐手段，而是一种营销手段，其作用主要在于，通过提升用户黏性和促进成交，成为电商平台新的增长驱动。而以目前的情形来看，“直播”显然完成了这一使命——淘宝直播也因为电商直播的爆火，以 55.6% 的绝对优势，成为用户最喜欢看的直播平台。

在 2020 年初国内出现新冠肺炎疫情后，全国消费者都足不出户，大多数的实体企业开始进入寒冬。于是，在 2020 年 2 月，大量实体店转移阵地，进入淘宝直播平台为自家品牌探索新的机会。

根据淘宝数据显示，2020 年 3 月 2 日“38”会场上线时，淘宝直播的开播账号数较去年同期增长 108%。在此期间，包括欧莱雅、联合利华、居然之家等多家品牌的总裁都走进直播间，门店导购也纷纷做起直播。有数据显示，“三八”节期间，导购每天开播场次近 5000 场；3 月 5 日作为活动首日，开播仅 27 分钟，美妆行业即通过淘宝直播实现成交额破亿元。

不仅是大众消费品行业，就连卖房、旅游等行业也通过电商直播迎来了暖春。3月10日，阿里拍卖数据显示，半个月来，“线上售楼处”在淘宝直播间里迎来成交高峰，有的房产机构借助淘宝直播一天卖出9套房。

在防疫期间，消费者在消费时最注重的是安全性与便利性。

直播的“所见即所得”和双向互动，能够让消费者即使足不出户也能了解到产品的品质，让消费者对产品和商家产生信任感，从而促成交易。

因此，虽然疫情导致线下消费停滞，但电商直播作为连接“暂停营业”的商家与“足不出户”的消费者之间的桥梁，还是创造了需求积累之下的线上市场复苏。

总之，直播在时间和空间上拓展了传统行业的营销途径。传统行业需要顺势而为，抓住直播营销所带来的机遇，不管是借助网络直播平台进行“直播+营销”，还是在电商平台进行“电商+直播”，都可以通过新媒体的跨界融合，找到新的业绩增长机会。

三、深入分析注意力经济，挖掘直播营销的本质

直播作为一种网络媒体，自然具备媒体的基本属性。媒体作为一个商业组织，其本质属性是收割注意力，并转卖注意力给广告商。不管是过去的纸

质媒体还是互联网时代的新媒体，这些媒体的营销方式，都是根据目标阅读人群的兴趣，策划出能吸引人们注意力的话题和标题，从而蓄意制造舆论“热点”。这套基于注意力经济模式的逻辑，依然是直播媒体时代的商业逻辑。

1. 哪里有注意力，哪里就有市场

著名的诺贝尔奖获得者赫伯特·西蒙在对当今经济发展趋势进行预测时指出:“随着信息的发展，有价值的不是信息，而是注意力。”

注意力是人们心理活动的开端，也是人们行为的先导。没有注意力就没有心理感受，也就不会有实际行动。因此，在企业营销的逻辑中，吸引目标消费者的注意力，是极为重要的。

然而，在这个信息化时代，借助于互联网，信息可以呈几何指数增长，但人的注意力总量却是有限的——心理学上的容量理论认为，个体所能选择与支配的注意力总量是固定不变的。这意味着，在不断增长的海量信息面前，注意力作为有限的心理资源，成为营销市场的一种稀缺资源。

新的短缺产生新的经济。在信息时代，由于注意力的稀缺，“吸引人们的注意力”“利用人们的注意力”便能获得一定的经济效益，也就是让注意力在大量信息中形成了商业价值。这便是注意力经济。

在这种经济状态中，最重要的资源是大众的注意力。如果能吸引大众的注意力，那么，就有可能让大众产生消费。

2020 年 1 月以来，受疫情影响，不少农产品的销售受阻。为缓解困境，

一些地方政府人员开放思维，将目光转向了农产品营销的新渠道——电商平台。他们在电商直播间做起了“带货主播”。

2020 年 2 月 21 日，江西省九江瑞昌市副市长黄青华出现在直播间，为瑞昌特色农产品代言。通过 3 个多小时的直播，实现订单数高达 6200 单，共售出 1.2 万斤山药、4.1 万枚咸鸭蛋、9.5 万枚松花蛋、1100 只板鸭。

2020 年 2 月 24 日，海南省文昌市市委书记钟鸣明、市长王晓桥等多名地方官员联合进入直播间推荐当地的凤梨、地瓜、朝天椒、毛豆、杧果和佛手瓜等因疫情滞销的农产品。这场文昌农产品直播，开场不到 3 分钟，粉丝量就超过 2.5 万人；不到 1 小时，围观人数超过 75 万人，最后，8 万多斤凤梨销售一空。

其实，官员直播带货，并不是 2020 年疫情期间才开始的。早在 2019 年 12 月底，山东济南市商河县副县长王帅就因“在线带货”被《人民日报》微博“点名”——在直播视频中，这位副县长一口气吃下 4 只扒鸡，并不断用夸张的语气表情模仿某头部主播的口头禅“所有女生，你们的魔鬼来咯”“偶买噶，也太好吃了吧”“Amazing！买它！”。很快，这段直播带货视频就“火”了，单平台播放量已超 300 万次，带动扒鸡大卖超 3 万只。

这些官员主播为什么会取得如此好的销售成绩？

与一般的电商主播不同，因为官员身份的特殊性，他们一旦现身于大众媒体，更容易引起人们的好奇心想去一睹为快。因此也更容易获得更高的关注度。而在直播间，官员们推介自家产品时，会使用一些拉近网友关系的网络带货用语以及配上略带夸张的表情，这些打破固有形象的表现也更容易打动网友，激发网友的参与度，获得网友的点赞和评论。同时，由于视频中能充分展现农产品来自原产地的新鲜特征以及政府官员亲口作出的品质背书，消费者当然更愿意在他们推介时下单购买。

官员化身“网红”进行直播，带来关注量，关注量带动了销量。这就是注意力经济的体现。

2. 分析注意力心理，了解触发注意力经济的关键要素

要想触发注意力经济，我们需要先了解人们的注意力心理。

人的注意力是有选择性的，在留意一些事情的同时也会忽略另一些事情，不会注意到环境中所有的事物。那么，人们容易对什么样的事物产生注意呢?

（1）与自己相关的事情。人的注意力有时候是主动的，即有意注意。这种注意是目标驱动的，是有意地去集中注意力于某一对象。它是基于注意机制存在的。由于我们的视觉、听觉、触觉和其他感觉，无时无刻不在被外界的信息轰炸着，于是我们的大脑就发展出了一种注意机制。这个机制就像筛子一样，通过放大一些信息的神经信号强度，来筛选出需要优先加工的信息，同时忽略其他的信息。这种注意机制的存在，可以让我们的所知所感瞄准我们的目标，不会一直被一些无关紧要的信息所干扰。

在这种注意机制下，那些与我们个人目标相关的、与个人兴趣相关的、

与个人需求相关的，都会被优先注意。例如，当我们需要选购一样物品时，跟这个物品相关的新品上市信息、质量投诉信息、口碑信息、同类产品比较信息以及促销信息等都会被我们的大脑优先注意到。

（2）能刺激情绪情感的事物。为了实现某个目标，我们会在一定时期内集中注意力于某类特定的事物上。比如，为了完成学习目标，我们会集中注意力于书本上。但是，要保持这样的注意力集中并不容易。相反地，我们的注意力很容易自发地转移，如会被明亮、有声音的东西所吸引，会被新鲜、令人感动或念念不忘的事物所吸引，会被他人盯着的东西所吸引，或者只是被我们习惯注意的东西所吸引。而这些吸引我们注意力的东西，几乎都有一个特征——能刺激我们的情绪情感。

我们可以想象这样一种情景：注意力也许会在某一瞬间被新奇的事物所吸引，而这种新奇的事物会激发我们探索的情绪和快乐的情感，这样的情绪情感体验使我们的注意力停留在了这种事物上。如此，我们的注意力就被其捕获了。这就意味着，更能刺激我们情绪情感的事物，往往有更大的可能性捕获我们的注意力。同时也意味着，我们的目标受众的注意力，可以被我们捕获，也可以被别人捕获。

互联网是一个信息丰富、精彩纷呈、日新月异的世界。在这个世界中，人们的注意力已被如巨浪般涌来的信息冲击得七零八落，人们很难对某一个信息乃至某一个媒体产生长久而又稳固的黏性。

互联网时代的海量信息让广大消费者应接不暇，只有设法抓住人们分散的注意力、用触动人心的内容切实捕获人们的注意力，才能脱颖而出。

3. 基于注意力经济，打造有影响力的营销内容

即使人们的注意力被海量信息分散成碎片，但仍然会有一些个人特别关注的焦点。根据长尾理论，任何小众需求的产品，都能在互联网上找到买家，而无数小众需求加起来的市场份额，也许不亚于少数主流产品的市场。

在碎片化注意力的时代，我们需要找出目标消费群体的特定关注焦点，然后基于注意力的基本原则，持之以恒地做出针对性部署，持续打造出有影响力的营销内容，就能开拓出注意力商机。让注意力实现经济最大化，就是直播营销的运营本质。

不同的消费群体有不同的关注焦点，但依据注意力的基本原则，我们需要根据以下三个原则来打造有吸引力和影响力的营销内容。

（1）打破常规内容，抢夺用户注意力。伴随着资本和从业人员的大量增加，直播营销内容同质化的现象开始日益严重。当直播的内容千篇一律时，用户很容易就会感到厌倦，转而去追求更为新奇有趣的东西。因此，我们抢夺用户的注意力，需要制作出打破常规的直播内容，从而带给用户眼前一亮的观感。

如何制作打破常规的直播内容呢？在整个直播内容的设计中，我们可以从出场人物、场景、产品特点介绍、主播语言表达、互动方式等直播要素中，选择与众不同的方式来进行创意制作。

（2）深入解读，触动情感，捕获人们的注意力。娱乐、时尚、情感等题

材一向是新媒体的内容热点，不过关于这些题材的直播视频也是数不胜数，但是，在这些题材中，真正有深刻内涵、打动人心的却寥寥无几。这或许是因为绝大多数直播内容对热点的呈现仅仅停留在了外在表现上，没有进行深入解读。

在信息越来越丰富的当下，用户会越来越追求内容的深度，内容浅显的视频也会越来越难以引起用户的关注。因此，我们必须深入挖掘热点、制作出能带给用户更多启示的直播内容，才能在吸引到用户的注意力之后，唤起用户的情绪，让用户在大呼过瘾的同时还甘愿长久停留。

（3）引导分享传播，实现注意力价值最大化。为了实现注意力的价值最大化，我们需要引导用户对直播内容进行主动分享传播，以促进直播内容的二次或多次传播。

如何让人们对直播内容乐于分享呢？我们需要在营销内容中使用一些社交技巧，来激发人们的社交分享行为。

社交也是人的天性。社交需要谈资，人们会通过收集有趣好玩或者有吐槽点的信息，并把这些信息作为谈资，分享到自己的社交圈，刺激其他人的参与交流，从而达到社交的目的。因此，无论是吐槽还是参与某种话题讨论，其本质都是社交的行为。如果我们的直播内容能够提供谈资，那么用户也会愿意分享至朋友圈。

除了提供谈资，还可以通过分享利益来刺激用户参与传播，比如分享领红包、分享抽奖等分享激励方式。人都有趋利的天性。只要利益合适，人们就可能会为了获得利益而转发分享。

这是一个全民自媒体的时代，人们获取信息的方式，可能更多的是来自社交圈子，而非新闻媒体。因此，我们做直播营销，不仅需要做好直播内容，还需要做好社交层面的分享传播。

四、依循数字化时代的商业模式，走出直播营销的误区

如今，虽然直播营销已经广为人知，但还有很多人对直播营销依然存在认识上的误区。例如，有人认为直播营销的主要价值是直播带货，即电视购物的网络版。如果走入这类认知误区，企业很容易陷入“赔本赚吆喝”的困境。因此，要想打好直播营销这场仗，就要站在营销变革和品牌战略的高度，全面了解直播营销对于企业的意义。

1. 直播营销的关键

从本质上来说，直播营销就是“流量变现”，而具体的流量变现方式则取决于企业直播营销的效果。直播门槛非常低，直播内容也异常丰富，但企业若想做好直播营销依然有些地方是需要注意的：

（1）选择合适的平台、主播和内容。直播平台的性质与主播属性、消费者市场等直接挂钩，斗鱼、虎牙等游戏类直播平台的主打多半都是游戏，主播

不会跟用户讲述财经方面的专业内容。同样，疯牛直播平台上的主播多数都是财经大咖，自然也不会向观众直播玩游戏。直播平台本身就具有一定的“品牌效应”，经过垂直细分之后，各主播的直播内容也出现了显著分化，企业选择直播平台时，一定要符合企业的品牌形象，不仅直播平台要符合，主播也要跟品牌相对应。如果直播内容与企业品牌形象不对应，即使选择了正确的直播平台，也只会引起观众的反感。

（2）明确直播目的的主次。目前，企业利用直播主要有两个目的：首先，传播企业的产品或形象，即宣传品牌、宣传产品，让更多的人知道企业品牌和产品；其次，利用直播将产品销售出去。目的不同，直播营销活动的最终效果也会不同，企业在进行直播营销活动的时候，一定要明确这一点。虽然同时实现“传播”和“销售”的目的是最理想的情况，但依然要分清主次。

如果要以“传播”为主，就要想办法造势，打造内容丰富的直播活动。比如，美宝莲邀请50名网红进行秀场后台直播，就是一次典型的以宣传为主的直播。在宣传的过程中，将产品销售环节加进去，但主要还是告诉观众：“美宝莲纽约”是一个很“纽约”、很“时尚”的化妆品牌。

如果以“销售”为主，就可以直接进行销售活动。典型代表就是各大电商的直播平台，许多当红主播都会在平台上推出相应的产品，粉丝群如果有需要，就会来选择购买。这时候，主播并不需要为观众展现复杂的内容，只要简单地展示产品的使用方法和使用效果等。观众一般也都不会在意主播使用的产品是不是品牌，即使不是品牌，也可以达到“销售”的目的。

（3）产品与直播受众相契合。当今，并不是所有的品牌都适合利用直播营销。直播的受众主要为年轻群体，他们的消费水平有限，进行直播营销时，企业必须考虑品牌是否符合年轻人的胃口。举个例子：

在戛纳电影节上，李宇春同款的轻唇膏价格只有上百元，多数直播受众都能够接受，经过短暂的直播之后，立刻脱销。如果高端产品，想要通过直播营销来获取市场、销售产品，相对就要困难很多了。

虽然直播营销的时代已经到来，但是直播依然处于发展的过程中，企业要根据自身的定位和实际情况合理利用直播营销，不要步入直播营销的误区。

2. 直播营销设计好，卖货也会很轻松

直播只是手段，营销才是关键！未来，直播营销必然会成为商家产品营销的标配。将商家的营销目的，巧妙地设置在直播各环节，比如通过直播营销提升品牌形象，利用直播营销促进产品销量，这就是直播营销的整体设计。

概括起来，直播营销的整体设计主要包括五大环节，只要对每个环节做好策划，一个环节一个步骤地设计直播营销，就能确保直播营销的完整性和有效性。

（1）整体思路。直播营销的第一大环节是整体思路。制订直播营销方案之前，必须先厘清整体思路，然后再有目的、有针对性地进行策划与执行。刚接触直播营销的新商家，很容易进入一个误区，认为“直播只不过是一场交易活动而已，跟平时的店铺卖货差不多”。其实，直播远不止那么简单，完全不同于店铺卖货。缺少整体思路的指导，直播营销不仅不好看、不好玩，而且达不到营销目的。

直播营销的整体思路设计，包括三方面的元素：目的分析、方式选择和策略组合。

首先，目的分析。对商家来说，直播只是一种销售手段，不能只是简单地在线上卖货，还需要综合产品特色、目标用户和营销目标，提炼出直播营销的目的。

其次，方式选择。确定直播目的后，要在颜值营销、明星营销、稀有营销、利他营销等方式中，选择一种或多种进行组合。

最后，策略组合。商家要对场景、产品、创意等模块进行组合，找到最适合的直播策略。

（2）策划筹备。好的直播营销需要“兵马未动，粮草先行”。首先，要完善直播营销活动方案；其次，要提前将直播过程中需要使用到的软硬件测试好，尽可能降低失误率，防止因为筹备疏忽而引起的不良直播效果。为了保证直播当天的人气，还要提前进行预热宣传，在淘内、淘外等媒体渠道进行宣传造势。

（3）直播执行。从观众的角度，只能看到直播现场，无法感知前期的筹备，为了让现场执行更加流畅，就要进行前期筹备。为了达到预期的直播营销目的，主播及现场工作人员都要尽可能地按照直播营销方案来进行直播，顺利推进直播开场、直播互动和直播收尾等环节，确保直播的顺利完成。

（4）后期传播。直播结束，并不意味着营销的结束，运营团队还需要将跟直播有关的图片、文字、视频等继续通过各媒体渠道进行传播，让没有到达现场的粉丝也能看到，实现直播效果的最大化，完成粉丝的二次沉淀。

（5）复盘总结。完成直播后期传播后，团队要进行复盘和总结，具体工作有二：一是统计直播数据，与直播前的营销目的作比较，对直播效果做出判断；二是组织团队讨论，提炼出本场直播的经验与教训，对团队经验进行备份。

每次直播营销结束后的总结与复盘，都可以作为新媒体团队的整体经验，为下一次直播营销提供优质化依据或策划参考。需要强调的是，直播营销的第四大环节“后期传播”与第五大环节“复盘总结”虽然都是在营销直播结束后进行的，但作为商家直播，必须在直播开始前就要针对这两个环节做充足的准备。

3. 按照互联网时代的消费模式，理解直播营销的意义

互联网时代的消费模式，已经不同于过去的消费模式。而消费模式的改变，也让企业和消费者的互动价值发生了变化。

互联网时代的最大特征，就是无处不在的信息交流，任何人都可以在任何时间、任何地点利用任何终端分享全媒体信息服务。而信息是消费者的消费行为中最重要的因素。互联网所具有的信息整合与跨时空人际互动功能，为消费者的消费行为提供了决策依据，也可以对消费者的行为造成巨大影响。

对于网生一代的消费者来说，并不是在孤立的状态下完成整个消费过程的。在整个消费决策的过程中，他们一直在跟各种信息来源进行互动，甚至在购买活动结束后，也不会停下来。

借助各种移动通信技术和数字工具，消费者可以在任何时间、任何地点

查询到企业信息、消费评价、同类产品信息、产品的价格变化等跟购买决策有关的信息；也可以通过网络，在世界范围内与有着同样需求、兴趣和价值观的人进行沟通和交流，这些人包括已使用产品的意见领袖、志趣相投的人以及对产品异常熟悉的行业内人士。此外，还可以通过各种智能终端，在多个渠道和平台上与企业及其他消费者进行互动。

而所有通过互动得到的信息，都可能影响到消费者的消费行为。

可见，互联网时代，消费者与企业的互动和沟通，并不是在消费者明确了消费需求后才开始的，也不会在消费活动结束后就立刻停止；不会局限于企业的工作人员，更不会局限于纯粹的商务信息发布与售后服务。当今社会，企业开展的任何一场营销活动，都不能仅将目标定位在“促成交易”，应该有更高层次的战略意义。

直播营销同样如此！

第二章

立足人人自媒体的原则，把握直播营销的制胜逻辑

一、理解粉丝经济，快速拥抱数字化市场环境

“粉丝”4.0 时代，粉丝与偶像之间的情感链接进化为养成式追随，粉丝的话语权也大大加强，甚至拥有部分决策权，粉推经济已经锋芒毕露。直播营销时代，要想快速拥抱数字化市场环境，同样也需要正确认识粉丝经济。

1. 何为粉丝经济

什么是粉丝经济？百度官方是这样解读的：

粉丝经济，泛指架构在粉丝和被关注者关系之上的经营性创收行为，主要是一种通过提升用户黏性，同时以口碑营销的形式，获取经济利益与社会效益的商业运作模式。

过去，人们关注的对象多为明星、偶像和行业名人等，比如，在音乐产业中，粉丝为了“追星”，会购买歌星专辑、演唱会门票，以及明星喜欢或代言的商品等。如今互联网的出现，突破了时间和空间的束缚，粉丝经济就被广泛地应用在文化娱乐、销售商品、提供服务等多个领域。只要借助一定的平

台，通过某个兴趣点聚集朋友圈、粉丝圈，商家就能给粉丝用户提供多样化、个性化的商品和服务，最终将其转化成消费，实现盈利。

概括起来，粉丝经济就是由粉丝、明星和第三方资本支撑起来的新型经济形态。在该利益场中，明星是商业价值的承载体，粉丝是商业价值的实现者，资本是商业价值的投资者。

当然，从一定意义上来说，国内粉丝经济的模式很大程度上受到韩国造星方式的影响。

2003—2007 年是电视选秀的时代，以超女、快男为典型，李宇春、张靓颖、张杰、魏晨等明星通过电视选秀出道并获得超高人气。在此阶段，选秀的主要评判依据是评委打分，粉丝的支持力度等，作为附加考察维度。

2008 年后，以天娱传媒为代表的经纪公司推出一系列模仿韩国造型模式的艺人和综艺。综艺方面，以《爸爸去哪儿》为代表，引进了众多韩国综艺节目，从此打开了星二代 / 童星的粉丝市场。

2012 年起，出现了以 AKB48、SNH48 为代表的爆款新兴偶像团体。不同于以往的偶像与粉丝，此类团体在最大限度上消弭偶像与受众之间的距离隔阂。在团体运营期间，通过活动现场及网络投票的形式，与粉丝进行高频互动，引导并维护受众的情感投入，并由粉丝决定团队的咖位排行。自此，“粉推经济”登上舞台。

2016 年起，韩国率先兴起了《produce101》等新型选秀节目，开启了粉丝主推偶像的新时代。2018 年我国也开始模仿该选秀形式，推出了《偶像练习生》及《创造101》两款节目。此类节目，除了舞台表现的展示外，练习生的日常训练、生活节奏也都被搬上荧幕，粉丝能够直观了解到预备偶像背后的生活，给粉丝带来“养成偶像”的观感；同时，以粉丝投票来决定偶像出道，提升了粉丝的参与感和责任感，建立起了忠诚的粉丝基础和架构。自此，“粉推经济”进入爆发期。

近年来，人们心中的“粉丝”已经从一种“能吃的食物”变成了“狂热的热爱者”，既是一个人群的标签，也是一个时代的特征。虽然在社交环境下粉丝经济的价值凸显，但“粉丝”一直都不是一个新概念。

“粉丝”1.0时代，粉丝与偶像的情感链接是单向追随，粉丝基于某个相同爱好，共同热衷于某明星和品牌等，自发形成团体追星行为。

“粉丝”2.0时代，粉丝与偶像之间的情感链接进化为双向互动，粉丝逐渐拥有平等话语权。

“粉丝”3.0时代，粉丝群体达到一定规模，并产生了追随式消费意愿，粉丝购买力能够影响粉丝营销的效果，粉丝的话语权进一步增强。

“粉丝”4.0时代，粉丝团体已经具备较强的组织力、传播力与造势力。明星、品牌等依托粉丝群体的高参与度与高流量，吸引粉丝主动对活动进行规划、参与、应援和运营推广。粉丝在营销活动中的助推力，成为重要的传播战略之一。

由此，粉丝与偶像之间的情感链接进化为养成式追随，粉丝的话语权极大地增强，甚至拥有部分决策权。

2. 粉丝经济带来商业模式变化

粉丝经济带来的商业模式和改变，对于直播营销模式来说，是一次质的飞跃，在原有的基础上增加了受众面并提高了用户的忠诚度。

随着各大平台的迅速崛起，任何个人和商家都可以快速地集聚粉丝群体。新媒体平台的多样化、多模式和多渠道，为打造矩阵式营销提供了更多的机会和便捷。垂直领域的细分，让各行业有了自己的精准受众群体，给商家和个人带来了更多的商业价值。

“粉丝经济”的本质是C2B，也就是按需供给，通过提前预售，对市场销量进行评估，使商家更加精确地安排产品生产，避免了盲目生产导致的库存积压，极大地提升了营销效率。同时，产品供给方与消费者建立长期的反馈模式，可以提高产品用户体验。“粉丝经济”之所以能大行其道，跟移动互联网技术的高速发展密切相关。

互联网缩短了信息传播和搜索的成本，品牌方可以更加精准地定位“粉丝”群体。同时，筛选出的“忠粉”，也让大众变为小众，提高了群体凝聚力。更重要的是，“粉丝”积极与明星互动，通过应援和打赏来表达对明星的支持和情感，通过“养成”来获得参与感与满足感，即形成所谓的参与式消费。

移动互联网时代，更多是小众定向精准型粉丝，而不是过去的那种大众偶像型追星。可是，在狂热的“粉丝经济”背后，依然是“一地鸡毛”。比如：

李佳琦只用了5分钟，就卖掉1.5万支口红，直接让某些产品瞬间断货，引发了社会关于盲目消费、跟风消费的思考；

90后、00后进入炒鞋市场，某些品牌鞋限量款价格在二手市场上被炒至近10万元，短期暴涨100倍；有些人沉浸于盲盒潮玩，短短几个月，就花费数十万元去购买，这些盲目消费，真是让人匪夷所思。

可见，“粉丝经济”是一种需要由精神引发的消费模式，能够满足人们的心理、精神等层面的需求。粉丝经济的主打产品是文化产品，即使是物质性的消费品，也会因为带有明星的各种符号标记而有别于其他消费品。

从本质上来说，“粉丝经济”就是消费“粉丝”的情感和情怀。“粉丝”集体是一个更有归属认同价值观的社群，在媒介创造的虚拟环境中，他们能够将自己的情绪充分调动起来，在各种情感消费中得到满足。因此，我们要客观看待“粉丝经济”，呼吁“粉丝”理性买单，形成健康良好的社会氛围。

3. 让粉丝经济助力直播营销

随着网红、关键意见领袖（KOL)、关键意见消费者（KOC)等词汇的不断升级，行业也不断升级变化。虽然目前的娱乐直播遭遇流量经济式微、网红经济退热，但粉丝经济依然在为直播行业的商业模式筑底，娱乐直播行业也正在从“以量为生”迈向“以质取胜”的新阶段。

粉丝经济新阶段，不再依靠平台虚拟礼物打赏和广告作为主要收入来源，以带货转化、网红效应等方式获利的粉丝经济已经发展为直播平台新的经济增长方式。因此，粉丝和网红资源两手抓成为平台运营的重中之重。粉丝的量化和细分对平台运营来说显得格外重要，各平台要努力从粉丝获取、转化、留存等方向实现用户细分及平台矩阵式运营。比如，直播平台矩阵化运营就是思享无限公司一直以来不断尝试的运营思路。

思享无限以秀色直播为起点，进一步打造了乐嗨秀场、嗨秀秀场等多个优质平台，通过差异化运营，满足了不同细分人群的娱乐直播需求。同时，其平台以直播为核心，联合线下场景的新娱乐、新经纪、新影视、新传媒等多元互动的娱乐新生态，横向拓展了多链路直播内容，并助推传统文化、新兴科技、“非遗”技艺等的发展传播，深入涉足演出、赛事、游戏、现场娱乐等细分领域的内容布局。

二、多角度分析直播市场环境，精准把握直播市场机会

任何新事物的出现，都以特定的环境为背景，直播营销同样如此。只有对直播市场进行多角度分析，才能更加了解市场，精准抓住好机会。

1. 什么是市场环境

市场是指由一切具有特定的欲望和需求，并且愿意和能够以交换来满足此欲望和需求的潜在顾客组成。

根据上述定义，市场可用公式来表示：市场 = 人口 + 购买力 + 购买欲望。构成市场的这三个因素是统一的整体，缺一不可。例如，一个国家或地区人口

众多，但收入很低，购买力有限，则不能构成容量很大的现实市场；只有人口既多，购买力又高，才能成为一个有潜力的大市场。但是，如果产品不适合需要，不能引起人们的购买欲望，那么对销售者来说，仍然不能成为现实的市场。所以市场是上述三个因素的统一。

当代世界营销学权威之一菲利普·科特勒教授给出定义：市场营销是通过创造和交换产品及价值，从而使个人或群体满足欲望和需要的管理过程。

根据这一定义，可以将市场营销概念具体归纳为下列要点：①市场营销的最终目标是“使个人或群体满足欲望和需要”。②“交换”是市场营销的核心。③交换过程能否顺利进行，取决于营销者创造的产品和价值满足顾客需求的程度以及对交换过程管理的水平。

企业开展营销既要受自身条件的制约，也要受外部条件的制约，关注并研究企业营销环境的变化，把握环境变化的趋势，识别由于环境变化而造成的机会和威胁，是营销人员的主要职责之一。

（1）宏观营销环境。指会对企业营销活动造成市场机会或环境威胁的主要社会力量，包括人口、经济、自然、技术、政治法律和文化等因素。

（2）微观营销环境。指那些与企业有双向运作关系的个体、集团和组织，在一定程度上，可以影响其营销能力的各种参与者。这些参与者包括企业内部各部门、企业供应商、企业营销中介、企业顾客、企业竞争者和社会公众等。

2. 直播营销存在的市场环境

直播营销存在的市场环境需要从以下几个方面来说明：

（1）产业链发展趋于成熟，服务体系更加完善。随着直播平台对商业化布局的加强，直播营销产业链发展逐渐变得成熟稳定。上游广告主以有知名度和行业地位的一线品牌为主，下游用户普遍对直播营销持正面态度。第三方服务企业的加入，让产业链显得更加完整，服务体系更加成熟。随着直播营销的不断发展，更多的第三方企业，例如支付平台、数据监测机构等，加入到产业链，为广告主和用户提供更多的便利和权益。

（2）用户都支持和肯定直播营销。艾瑞用户调研的结果显示，对于直播过程中的营销行为，用户普遍持正面态度，甚至64%的用户观看直播时还带有消费的目的性。如今，大众已经普通接受“直播＋营销”的模式。作为一种全新的广告形式，直播营销对于用户的最大价值在于，依附于直播的传播形式，为用户带来更多有质量的内容信息，同时还可以吸引更多流量，并充分调动用户的积极性。

（3）软广优于硬广，特定商品更加吸引关注。目前，包含直播内容营销、直播互动营销和电商直播的创新广告类型更受用户关注。同时，在用户关注的营销商品类型中，围绕3C数码、服饰箱包、生活类等产品进行的直播营销更能覆盖到更多用户。

（4）直播为营销创造了更好的传播环境。首先，直播为营销带来的最显著优势在于可实时互动的环境，能够及时收集用户反馈，提高营销水平。其次，在网络环境下，视频媒介的传播变得更加广泛和高效，录制好的直播，还能再次进行观看，形成二次营销。随着网络直播的迅速发展，2016年以来直播内容逐渐被细分，形成了如游戏、美妆、健身、旅行等多种垂直领域，直播内容和观看用户群体都带有显著特点，便于广告主进行精准定位。最后，直播营销的发展紧贴着网络广告市场移动化、视频化的趋势，迎合了众多用户和广告主的需求。

（5）规模持续扩大，营收占比实现增长。直播营销市场规模的增长主要来源于直播平台和广告主对于直播营销的逐渐重视。对于直播平台来说，当流量增长进入瓶颈期时，需要开拓除打赏和增值服务之外的商业化变现渠道，因此必然会更加倚重营销所带来的收入。同时，直播营销能够以较低的成本换取在集中流量下的多次曝光，对于广告主来说，随着技术的进步和直播平台内创新营销玩法的开发，营销方式必然会获得越来越多的关注。

3. 把握机会，成功逆袭

不同于传统的线下营销模式，直播营销不会受时间、地点、场地等限制，即时性强，参与度高，能够极大地提高企业与受众之间的互动。同时，消费者也比平时更有耐心和消费欲望。企业只要抓住直播带货的红利，只要从下面三处着手，即使面对危机，也能化危机为动力。

（1）找准直播平台，将商品和用户连接在一起。一场不期而遇的疫情，让“线上直播”成为品牌与商家营销与蓄客的重要手段，也催生了线上营销的加速变革。疫情之下最大的困难是，货品无法连接到消费者，因此，企业需要寻找一个可以让消费者感知商品且满足购买需求的平台，然后把货品送到消费者手里，直播平台就是解决当下问题的极佳工具。比如淘宝拥有大的电商流量优势，抖音、快手等拥有社交流量优势，同时，腾讯直播也在悄悄布局，小程序直播也在公测……企业可以选取符合定位的电商平台或社交平台作为直播和送货的纽带。

（2）围绕内容展开，突出内容。通常，常态化的营销模式会带来更多新的挑战。在内容为王的时代，消费者更加在意直播内容，要想在未来的直播战役中取得胜利，就要关注以下几方面内容：能否击中用户的需求，能否以更独特的趣味性留住用户，是否具有强烈的服务意识、亲和力和应变能力等。

（3）选择合适的直播带货网红。虽然直播电商造就了一大批网红，但很少拥有超强的带货能力。由于这种方式具有不可复制性，所以头部网红依然会被越来越多的人追捧。如果企业资金不足，也完全可以使用一些成本低的方式，例如，利用公司资源挑选一些能说会道、反应快的员工作为直播带货人。事实证明，接地气的主播反而更能产生共鸣，更能跟消费者拉近距离。

（4）质量好，价格低。不管是店面销售商品，还是直播带货，都需要以低成本高效率的方式解决消费者需求。直播带货之所以能取得好的效果，主要是因为产品好、价格低。要相信，消费者都不喜欢价格高而产品质量差的产品。

三、给予受众参与感，建立社群沟通机制

直播营销中用户的参与度非常高，在视频直播过程中，用户可以随时向直播人员进行留言提问，直播人员也可以随时做出回答，并可以根据用户的建议改变自己的直播节奏。当用户发现自己的言语能够产生影响力的时候，就

会享受这种参与感，感受到自己的价值，继而对直播人员、品牌或产品产生好感，从而达到营销的目的。

1. 关于用户的参与感

过去，在整个营销传播中，用户几乎只能通过电视广告、报纸广告等传统广告媒介了解某品牌，无法即时了解到商品的真实口碑，只能单方面接受着品牌信息的洗礼，那时的广告营销缺乏互动性。而在移动互联网时代，用户却能通过广告媒介渠道来跟品牌或商家实现连接，他们的口碑也能真实地反映在互联网中。

互联网的发展不仅颠覆了传统的营销方式，也改变了企业与用户之间的关系。用户的一条评论、一条反馈都可能掀起行业的惊涛骇浪，让企业不敢再随意忽视任何一个用户。用户话语权的提升，改变了企业的营销流程，使其更多地去站在用户角度设计产品，为用户提供人性化的服务。

企业与用户之间的互动越来越便利，参与营销也随之兴起。企业举办活动时，也会邀请行业内的名人或用户去亲身参与，以提升活动流量和热度，增加用户对品牌的认知，拉近企业与用户的距离，从而提高产品销量。

2. 让用户玩在一起

借助硬广的传播效果，再加上 KOL 的带动，必然会引起全民积极参与，那么如何才能加强用户互动呢?

近几年，多数品牌都在探索接地气的方式，“和消费者玩在一起”就是其中之一。让用户真正地参与到营销活动中，建立与品牌的情感链接，就能提高他们对品牌的认知度和忠诚度。因此，在短视频平台上发起主题活动，也就成了主流品牌营销的首选。

以快手、抖音为代表的短视频平台推出的主题挑战赛，更为品牌提供了“与消费者玩在一起”的入口。通常，这种挑战赛都由品牌发起，明星或KOL作为首发参与并输出优质内容，为挑战赛造势，为品牌带来更多曝光的机会，吸引更多的用户关注并参与其中，形成一种“流量大咖示范 + 圈层达人渗透 + 素人领袖扩散”的模式。挑战赛活动很容易带动用户的广泛参与，有较强的爆发性和互动性，一旦全民开始参与，就能带来自来水式的传播，很容易形成巨大的口碑效应。

比如，世界杯期间，哈啤在抖音上向用户发出了“# 抖出庆祝新姿势 #”主题挑战赛，积极跟用户互动，为用户提供参与创作的渠道。该主题挑战赛一经发起，掀起了全民球场哈啤大狂欢，成功吸引了27万用户的参与，视频参与量多达35.3万，视频总播放次数为13亿多，总点赞量超过5312.5万。

3. 建立社群沟通机制

社交互动是商家与用户之间距离最近、最容易产生忠粉的方式，只要紧随市场变化，就能成功留住用户。因此，要建立有效的社群沟通机制，比如在评论区积极互动，跟用户建立联系；做好数据分析，及时发现问题，并调整策略。

（1）评论区互动。企业和用户可以在评论区直接互动，用户只要有想法，就可以在评论区提出，商家只要在第一时间接收到，就能进行反馈，继而产生沟通黏性。所以，商家要善于利用评论区来收集用户反馈，实现有效沟通。

（2）进行数据反馈。数据是用户反馈的一种形式，如果产品不尽如人意或短视频内容的制作水准不高，都无法吸引用户注意力时，各项数据也会下降，这时商家就要思考问题究竟出在哪里，之后，在最短的时间里制定出相应的对策。

当然，仅靠商家自己统计所有数据工作量会很大，可以使用两个检测视频数据的小工具来帮助精准制定策略（见表 2–1）。

表 2-1　两个检测视频数据的小工具

小工具	说明
卡思数据	卡思数据是视频全网大数据开放平台，监测的平台不仅是抖音，还包括快手、bilibili、美拍、秒拍、西瓜视频、火山小视频。不仅可以查看平台红人的粉丝趋势、视频的数据趋势，还能基于红人的内容分类、粉丝质量、视频数据表现、商业属性、粉丝画像和营销预算等，来帮广告主、广告公司等筛选所需 KOL 红人资源，快速制定精准、有效的自媒体组合投放策略。
飞瓜数据平台	飞瓜数据是一个专业的短视频数据分析平台，功能齐全，可以做单个抖音号的数据管理，查看日常的运营情况；也可以对单个视频做数据追踪，了解它的传播情况；甚至还能收集到热门视频、音乐、博主等，查看到热门带货情况。

四、建立顾客导向直播方案，为顾客创造价值

直播方案的编撰，涉及的内容有很多，但关键还是要以顾客为导向，必须以顾客为中心展开，必须满足顾客的需要，必须站在顾客的角度考虑问题，更要为顾客创造价值。

1. 什么是顾客导向

所谓顾客导向，就是企业以满足顾客需求、提升顾客体验为经营出发点，在经营过程中，关注用户的消费能力、消费偏好以及消费行为的调查分析，重视新产品开发和营销手段的创新，动态地适应用户需求。它强调的是避免脱离顾客实际需求的产品生产或对市场的主观臆断。

顾客导向的积极作用在于：可以促使直播平台对用户真正负起应有的责任；组织成员在决策时，可以减少政治因素的不当干预；可以激发出组织成员更多的创新行为；可以为民众提供更广泛的选择；产出一般都符合大众需求，不容易形成浪费；可以培养用户的选择能力，协助其了解自身应有的地位和权益；可以创造出更多公平的机会。

在当今的买方市场中，顾客可以在成千上万的商品和服务中进行选择，如此，要想占领市场，卖方就要为顾客提供满意的产品质量和服务，否则竞争者就会迅速抢占市场。只有以消费者为中心、为目标市场提供卓越价值的企业才能赢得市场，这些公司不仅要会制造产品，还要擅于创造顾客；不仅精于产品工程，还更加了解市场工程。

这就是以顾客为中心或导向的企业哲学和价值营销。

下列这些品牌的理念就是这一导向在企业实践中的良好体现：

小天鹅：全心全意小天鹅

海尔：真诚到永远

IBM：IBM 就是服务

TCL：为顾客创造价值

格兰仕：努力，让顾客感动

2. 顾客导向营销观念的特点

以顾客为导向的营销观念，一般都具有这样几个特点：

（1）关注顾客份额。所谓顾客份额，就是市场上愿意购买或消费某一特定产品的忠诚顾客占企业目标顾客数的比重。营销的重点不是企业拥有的绝对市场份额是多少，而是能否抓住顾客需求的变化，拥有一大批忠诚顾客。因此，企业要从建立动态的并有持续性竞争优势的角度出发，来进行生产和研发。

（2）为顾客创造价值。以顾客为导向的企业，会将满足顾客需求作为一切营销活动的出发点，提高顾客满意度。只有为顾客创造价值，才能真正赢得忠诚顾客，从而在激烈的市场竞争中维持长久的竞争优势。

（3）由外而内的思维方式。以顾客为导向的企业，一般都会以顾客价值作为战略取向，努力进行顾客的价值创新，不断提高顾客的价值，并改善与顾客的关系。企业要将营销重点彻底转变到对顾客需求的辨析与响应方面来，快速理解和把握顾客需求，并及时对顾客提出的需求做出回应，让顾客获得情感和精神的满足。

（4）懂得顾客内部化与资产化。以顾客为导向的企业，营销观念更为深刻，会将顾客看作企业的一部分，即顾客内部化和资产化。所谓顾客内部化，就是将顾客价值作为企业价值链的组成部分，企业所有的业务活动都围绕着“提高顾客价值”而展开。顾客资产化则是指将顾客作为企业利润的真正源泉，不断提高顾客价值、维系顾客关系，从而获得投资回报。

3. 顾客导向营销观念的要求

随着经济市场化进程的日益加快，国际和国内市场环境发生了剧烈的变化——结束了卖方市场和短缺经济的局面，迎来了买方市场和过剩经济，在卖方市场和短缺经济的条件下，企业在和顾客进行交易谈判时掌握着主权。企业营销就是尽可能多地生产出好“产品”，制定出以生产成本为基础并能获取必要利益的“价格”，再用自己掌握的“流通渠道”去分销产品，最后再按原计划的费用去进行商品“促销”。

在企业与消费者的关系上，消费者是支配的一方，企业应根据消费者的意愿和偏好来安排生产，应努力迎合挑剔顾客的需求，尽可能从顾客那里获得“货币选票”。而要想达到这一点，在营销过程中企业就要做到：

（1）对消费者的需要和欲求进行了解、研究和分析，先不考虑企业生产的具体产品；

（2）了解消费者满足需要和欲求愿意支付的成本，先不给产品定价；

（3）在顾客购物等交易过程中，要努力为顾客提供方便，先不考虑销售渠道的选择和策略；

（4）以消费者为中心，通过互动沟通等方式，将企业内外营销进行整合，把顾客和企业双方的利益整合在一起。

显然，这种定位的中心就是消费者、顾客、人，其以顾客为导向，相当于产品是道具，服务是舞台，顾客是演员，企业是导演，从此，“主角”不再是企业，而是顾客。因此，企业必须广泛认同“顾客就是上帝”“一切以顾客为中心”“追求最大顾客满意度”等顾客导向的观念，并将之应用于企业经营实践，为顾客提供整体顾客价值，并使价值不断创新，提高顾客满意度。

第三章

理解消费者行为偏好，在直播中迎合用户心智

一、时代易改，人心不变，准确理解消费者的行为演变

直播营销直接面对的是消费者，正确理解消费者的行为，就能抓住他们的喜好，满足他们的需要。移动互联网时代，是直播营销盛行的年代，消费者消费心理依然没有发生改变，只要抓住消费者的心理，就能窥探到他们消费行为的变化。

1. 消费者心理解析

新媒体时代的主要特征之一是用户群体细分化。无论发表的言论多么机智、多么中肯、多么客观，都无法让所有受众都相信；无论营销做得多么富有创意，也无法让所有人长时间地蜂拥而上。主要有两个原因：一是外界跟风逐渐严重，消费者审美疲劳逐渐加重；二是外界信息异常嘈杂，人们失去了相信的基础。如果想让自己的文案打动人心，营销活动足够让消费者倾心，就需要抛弃固有的思维，深度剖析消费者的消费心理，对其进行对症下药。

（1）顾客喜欢实实在在的东西。面对琳琅满目的品牌和产品，部分消费者也是足够理智的，无论广告和营销做得多么花哨，他们只会选择那些能够直接看到效果、实实在在的产品。这些人的消费水平一般在中层和底层，他们不

重视产品的外表，更加重视产品的实用价值。

（2）顾客喜欢美丽、美好的事物。随着生活水平的提高，人们逐渐开始追求美的享受。在享受产品的同时，更追求心理和情感上的满足。比方“× 小白”酒。很多消费者都认为该酒的质量平平，而“× 小白”酒却凭借自己精美的文案，创造了一次又一次的销量奇迹。如果用户不注重实用价值，选购产品时，往往更看重产品的造型、色彩、制作等，反而会购买那些实用性不强、价格不菲和造型精美的产品。

（3）顾客喜欢新鲜的东西。莎士比亚曾经说过：“衣服穿破的少，过时的多。”这位伟大的先哲在好几个世纪之前，就已经知道了人们的消费心理。人们喜欢追求时尚和潮流，追求新意和创意，并不是太在意产品价格。比如，某款折叠屏手机，居然标出了 17000 多元的高价！原因就在于，这款手机是历年来首推的设计风格。在此风格手机满大街后，价格自然会回落到普通手机的价格。

（4）顾客喜欢对自己有利的东西。小米之所以能够在国内发展火爆，就是因为小米的性价比极高。多数用户都喜欢使用物美价廉的产品，他们会根据物品的使用价值和价格作出对比，如果觉得不划算或超出了自己的消费预期，就不会选择此产品；如果觉得它的使用价值高出了自己的心理预期，就会忠诚地购买这种产品。

（5）顾客更看重荣誉感和满足感。很多消费者购买产品时并不注重产品的价格和质量，只是注重品牌带给自己的荣誉感、荣耀感和满足感。他们之所以会花大价钱购买高档奢侈品牌或畅销的大品牌，一是为了在普通人面前炫耀他们的消费，二是为了彰显自己的社会地位。

（6）顾客喜欢跟随潮流而动。多数消费者都会有这种消费心理，看到他人拥有某个产品或品牌，自己就想要拥有，就会跟风购买。尤其在三四线城市，如果发现某家孩子买了某件新潮衣服，其他家长就会寻找并购买同款的产品，让自己孩子穿戴，否则他们就会觉得自己没面子。在大城市中我们也经常会看到一些网红店，很多人都跑去排队购买，看到队伍这么长，也会吸引更多的人前来排队购买。

（7）顾客对新事物都心存疑虑。人自出生的那一天起，就会对陌生的东西产生怀疑，尤其是在网购的过程中，人们一般都看不到产品的实物，于是就会对产品的质量和价格产生疑虑。因此，消除消费者的疑虑，就显得十分重要。用户都不希望买错东西，在购物的过程中，会对产品的质量性能等进行反复挑剔，不光是为了砍价，更是为了少吃亏，少上当。

（8）顾客都想获得他人的尊重。在消费的过程中，尤其是在导购员的指引下购买东西的时候，很多消费者都比较注意导购员的表情。如果导购员在言语、态度、表情、神态上有丝毫的嫌弃或鄙视意味，消费者大多数反应会是：对这家店产生厌恶感，以后不会再光顾；也有部分消费者会为了显示自己的消费能力，挽回自己的自尊心，去购买超出消费预期的产品。

2. 网络消费者的行为特征

随着科技的不断创新，人们消费能力的不断提高，消费方式也多种多样，例如在家购物等。那么，网络消费者的行为特征有哪些呢？

（1）消费者消费个性回归。近代，由于工业化和标准化生产方式的发展，消费者的个性被淹没于大量低成本、单一化的产品洪流中。21 世纪，世界变成了计算机网络交织的世界，消费品市场变得越来越丰富，消费者选择产品也变得范围全球化、设计多样化，消费者也开始制定自己的消费准则，整个市场营销又回到了个性化的基础上。消费者的消费心理都是不同的，每个消费者都是一个细小的消费市场，个性化消费必将成为消费的主流。

（2）消费者需求的差异性。消费者的个性消费，让网络消费需求呈现出差异性；不同的网络消费者所处的时代环境不同，也会产生不同的需求、不同的网络消费者，即使在同一需求层次上，他们的需求也会有所不同。因为网络消费者来自世界各地，国别、民族、信仰和生活习惯等都不同，消费也就有着显著的需求差异性。所以，做直播营销的厂商，要想取得成功，就要在构思、设计、制造、包装、运输、销售等整个过程中，认真思考这些差异性，并采取相应的措施和方法。

（3）消费的主动性增强。如今，社会化分工日益细化和专业化，消费者对消费的风险感随着选择的增多而不断上升。在许多大额或高档的消费中，消费者一般都会主动通过各种可能的渠道去获取与商品有关的信息，并对其进行分析和比较。虽然这种分析和比较不太充分和合理，但消费者却能从中得到心理平衡，以减轻风险感，减少购买后产生的后悔感，增加对产品的信任感和心理上的满足感。

（4）追求消费过程的方便和享受。网上购物，不仅能满足实际的购物需求，消费者还能从中得到许多信息，并得到在传统商店没有的乐趣。现在人们的消费过程出现了两种追求趋势：一个是消费者的工作压力较大、紧张程度较高，以方便性购买为目标，追求的是时间和劳动成本的尽量节省；另一个是由于劳动生产率提高，自由支配时间增多，消费者希望通过消费来寻找生活乐趣。今后，这两种消费心理将会在较长的时间内并存。

（5）消费者参与生产和流通的全过程。传统的商业流通渠道一般都是由生产者、商业机构和消费者组成，其中商业机构发挥着重要的作用，生产者不能直接了解市场，消费者也不能直接向生产者表达自己的消费需求。而在网络环境下，消费者能直接参与到生产和流通中来，与生产者直接进行沟通，如此就减少了市场的不确定性。

（6）消费者选择商品的理性化。直播营销系统具有巨大的信息处理能力，为消费者挑选商品提供了巨大的选择空间，消费者可以利用从网上获得的信息对商品进行反复比较，以决定是否购买。对企业来说，则可以利用预先设计好的计算程序，对进货价格、运输费用、优惠、折扣、时间效率等进行综合比较，选择有利的进货渠道和途径。

（7）网络消费仍然具有层次性。在网络消费的开始阶段，消费者更加看重精神产品的消费；到了网络消费的成熟阶段，消费者完全掌握了网络消费的规律和操作，并对网络购物有了一定的信任感，就会更加关注日用消费品的购买。

（8）价格是影响消费心理的重要因素。从消费角度来说，价格不是决定消费者购买的唯一因素，却是消费者购买商品时肯定要考虑的因素。网上购物之所以具有生命力，重要的原因之一，就是网上销售的商品价格普遍较低。

3. 从消费者心理看网络直播的火爆

近年来，随着移动互联网的迅猛发展，网络直播已经发展成为市场营销的一种重要手段。以品牌发布会直播为代表的互动交流方式，为消费者和品牌之间搭建了一座实时沟通的新桥梁。2015 年网络直播呈井喷式发展，并且从形式到内容都有了新的变换。形式上，网络直播有了专门化的平台；内容上，直播从传统营销扩展到游戏直播、美容化妆、户外旅游、手艺展示、宠物售卖、汽车评测等。丰富多彩的内容涉及消费者生活中的各个方面，因此吸引了大批观众。存在即合理！下面，我们就从消费者心理的角度来分析一下网络直播发展火爆的原因。

（1）特定群体的陪伴感。

Livecoding.tv。一个由欧美编程爱好者共同成立的直播平台。2015 年 2 月该平台推出测试版，到 2016 年 3 月，已经拥有了来自世界各地的超过 15 万用户。与其他直播相比，Livingcoding 的直播显得比较沉默。在这里，典型的直播内容是某个工程师编写代码的过程；主播的头像只出现在右下一角，甚至完全不出现。那么，数万人为何会留在直播间长达几个小时，全程观看一行行代码的编写呢？

从定位上来说，Livecoding 是一个教育性质的平台。诚然，通过这种形式确实能达到在线学习的目的，但相对于其他在线学习方式，直播的内容无论是在信息量，还是在可读性上，都不具有优势。该直播的吸引力在于，通过在线互动，将枯燥的编程变成了一件能够与人分享的快乐的事。

从消费心理上来说，当群体中的个体距离很近时，会更容易注意别人并融入其中。比如，一个班级有 30 人，坐在一个能容纳 30 人的小教室上课的效果要比散坐在一个能容纳 100 人的大教室上课的效果好得多。这是因为，近距离的接触赋予了个体陪伴感，使他们在温馨和活跃的气氛中提高了学习效率。在互联网世界中，能够真正代替物理距离远近的是即时的互动反馈。只有通过持续而即时的反馈，才能满足特定群体的陪伴，而直播正好能在最大程度上满足群体的这种反馈需求。

（2）私人距离的临场感。心理学家把人与人之间的距离分为四种：亲密距离、私人距离、社交距离及公共距离。社交距离，是指进行一般社交活动的距离；私人距离，是指朋友、熟人或亲戚之间往来的距离。

一般来说，无论是实体营销，还是直播营销，营销者与消费者的距离都保持在社交距离的范围。而在直播营销中，主播和用户的关系也被锁定在社交范围内。而部分“无内容”直播，比如吃饭直播、睡觉直播，本质上已经突破了主播与观众之间的社交距离，而进入了私人距离。

网络直播的另一个特点是临场感。所谓临场感，就是消费者在虚拟环境中获得的真实感，可以在一定程度上影响消费者的消费决策。直播平台具有丰富的多媒体特性，以及立体的展示手段，能够将消费者的各个感官充分调动起来，让用户获得生动的、全方位的虚拟体验。以吃饭直播为例，主播可以从视觉、听觉、味觉、嗅觉等多方面为观众营造气氛。同时，网络直播又为临场感的互动感提供了很好的平台。

网友观看直播时，不仅能积极地与主播互动，还能以弹幕等形式与其他网友互动。此外，评价、吐槽、赞、送礼物等形式最大限度地满足了网友的互动要求，从而进一步增强了临场感。

（3）"15° 网红"的亲近感。无论直播的内容如何，只要是网红出现的地方，大量粉丝就会蜂拥而至。虽然从粉丝的数量来看，网红可能远比不上明星，但对于多数人来说，明星是有距离感和神秘感的，是遥不可及的，是需要仰视的。如果粉丝对明星是呈 45° 角仰视，那么粉丝与网红之间的关系则是 15° 角的关系。

所谓 15° 角，是指粉丝稍微一抬头就能看到自己喜欢的网红。与 360° 度无死角美丽的明星相比，网红与粉丝年纪相仿，卸妆后跟邻家女孩没有区别，只不过底子好、会化妆、会拍照。他们离消费者距离很近，类似于闺蜜。粉丝喜欢网红，并不是为了"追星"，而是将他们作为一个稍一抬头就能达到的美丽参照。他们展现的生活方式和消费者很相似，好像稍稍踮起脚尖就能达到。网红与粉丝之间闺蜜似的情感纽带和他们展现的触手可及的生活方式，使得他们更加具有亲近感。

网红的亲近感是直播聚气的重要原因。有些看似随意的聊聊天、唱唱歌的网络直播却取得了不可小视的点击率，原因就在于，他们贴近生活，虽然内容所包含的信息量很少，但接地气、不生硬，与观众即时互动，赢得了大量粉丝的青睐。网络直播为网红提供了一个与粉丝接触的亲和距离，再加上高频互动与合适的仰望角度，就造就了最具流量价值的营销模式。

直播模式具有很大的商业潜力，合理运用其火爆的原因，选择合适的内容，就能带来更大的流量与市场。想要取得最好的直播营销效果，就要将营销重点放在给予消费者的反馈上，增强特定消费群体的陪伴感；要尝试以私人距离的角度生动地直播非常态事件，打造私人距离的临场感。此外，还要邀请颇具亲近感的网络红人进行直播，拉近与消费者之间的距离，从而提高购买转化率。

二、完善双向沟通路径，实现用户关系的有效沟通

向消费者灌输信息的时代已经过去，与消费者互动沟通的时代已经来临，加强与消费者的沟通，以新颖的形式让他们参与其中，就能有效增加消费者对品牌的好奇心，提升品牌好感度。

1. 上下联动，一起互动

举个例子：

娇韵诗在抖音发起的挑战赛，不仅邀请达人实力演绎产品特性，还吸引了海量 UGC 用户的参与。在挑战赛中，娇韵诗还提到：用户只要到娇韵诗的天猫店里报出暗号“哇，水被我控住了”，就会免费为用户提供一个样品。这

种引流方式通过持续获取流量，有效促进了品牌的销售转化。

溜溜梅发起的“# 溜溜梅扛酸全民挑战 #”，借助明星杨幂的号召力，将3000 家线下门店整合到一起参与，仅用了三天的时间，参与人数就达到了72.4 万，视频播放量达到 1.5 亿。

借助明星和 KOL 的带动，用户的参与热情被充分点燃，参与过程中又进一步化身为品牌代言人，引发了自来水式的传播效果，扩大了品牌的营销效果。

2. 直播营销的方法

由于网络直播的门槛非常低，直播营销自然也就受到了大量企业的欢迎。正确的直播营销方式能够让企业、品牌、消费者紧密联系在一起，形成固定的网络流量生态循环系统。目前，直播营销主要集中在以下四大方法之中：

（1）品牌 + 直播 + 明星。在企业直播营销的所有方式中，“品牌 + 直播 + 明星”是相对成熟、方便执行、容易成功的一种方式。比如 2016 年“男神奶爸”吴尊在淘宝直播上推荐惠氏奶粉，仅用了 1 个小时，交易额就达到了 120 万元，是平时同等销售力度带来销售量的 30 倍。可见，如果企业想通过直播塑造品牌形象，就可以优先考虑拥有固定形象的明星。因为明星本身就拥有庞大的粉丝圈，能迅速抓住观众的注意力，进而产生大量的流量。

虽然这种方式见效极快，但也存在着缺陷。比如多数明星直播完毕以后，不会像多数网红那样留下影响较为深远的话题；而且，明星直播已经被大量企业利用，观众对明星的好奇心被大量消磨之后，其产生的效益也会大量减少。

因此，企业在利用这种直播方式进行营销活动的时候，要把握好时机、适当利用。

（2）品牌 + 直播 + 发布会。发布会是企业在一般情况下推广新产品使用的必要手段，但是多数企业都会选择线下发布会，如今一些有前瞻性的企业已经开始尝试利用直播将新品发布会搬到线上，通过“品牌 + 直播 + 发布会”的方式进行产品营销活动，不仅能宣传新品，还能达到与观众互动的目的。通过直播，观众可以直接看到产品的性能和使用效果。同时，直播具有强大的真实性，观众在看到产品确实能满足自己的需求时，也就为企业带来极大的信誉。但是，企业的线上发布会无法百分之百地做到毫无瑕疵。利用这种营销模式时，企业一定要提前做好准备，不仅要保证发布会的顺利进行，还要提前预防发布会中可能出现的意外情况。

（3）品牌 + 直播 + 企业日常。直播时代，个人吃饭、购物等日常活动都可以作为宣传个人 IP 的直播内容，同样，企业日常也可以作为直播内容来进行品牌宣传。其实，多数消费者都对产品幕后的“企业日常”非常感兴趣，比如制定新品的过程、研发产品的过程、生产产品的过程等，甚至主管开会的状态、员工的工餐都属于“企业日常”。如此，努力挖掘“企业日常”，并将其搬上直播平台，也能成功吸引观众注意力。

（4）品牌 + 直播 + 深互动。直播平台是作为社交工具而诞生的，企业在进行直播营销时，要尽可能地发挥直播作为社交工具的优势。因此，目前企业主要的直播营销方法就是“品牌 + 直播 + 深互动”。但这种方式，很难实现创新。因为直播本身具有高效的互动性，品牌要想通过直播平台与消费者进一步

“深互动”，就需要极大的创新思维。一旦企业对“品牌 + 直播 + 深互动”有了正确的创新思路，就会获得相当可观的成果。

三、把握消费者的情感偏好，争夺消费者的碎片化时间

消费者购物，有时是随性而至，有时是受到情感的驱动，因此为了提高直播营销的效果，就要把握消费者的情感偏好。此外，他们的时间还呈碎片化分布，除了大把的集中时间，也可以将其碎片化时间入手。因为，争夺了消费者的碎片化时间，也就赢得了销量。

1. 消费者的情感

消费者对于客观事物是否符合自己的需要而产生的一种主观体验，就是消费者的情感过程。

消费者的情感过程包括情绪和情感两个方面。情绪一般是指短时间内与生理需要相联系的一种体验，比如喜欢、气愤、忧愁等情绪形式。情感是长时间内与社会性需要（社交的需要、精神文化生活的需要等）相联系的一种稳定的体验。如道德感、理智感、美感等。

情绪一般有较明显的外部表现，不太稳定。而情感相对来说则比较稳定，

冲动性少，情感的外部表现也很不明显。但是情绪的各种变化一般都会受已形成的情感所制约，而人们的情感又总是在不断变化着的情绪中得到体现。例如，某企业的商品质量好，信誉高，在消费者心目中树立了良好的形象，消费者对它产生了信任感、亲切感，当消费者买到这种商品，并在实际使用中需求得到满足时，便会产生喜悦和满意的情绪。

消费者情绪情感的表现形式是多种多样的，假设根据情绪情感发生的强度、速度、持续时间的长短和外部表现来划分，可以划分为 3 种表现形式：激情、心境和热情。

（1）激情。激情是人们在一定场合爆发出来的强烈情绪。如狂喜、暴怒、绝望等都属于这种情绪状态。激情出现的时候可以对消费者的行为造成巨大的影响，甚至可以改变消费者的理智状态，使理智变得模糊或难以控制。消费者在购物场所受到强烈刺激而发怒的时候，就有可能出现这种情况。消费者在抢购风潮中也会容易出现类似激情状态的情绪。对生产商和销售商来讲，要尽可能地避免对消费者造成强烈的不良刺激，削弱消费者的对抗情绪，引导消费者产生积极的激情，愉快地进行购买活动，以此争取营销活动的成功。

（2）心境。心境是人们在长时间内保持的一种比较微弱而平静的情感状态。如心情舒畅或郁郁寡欢等。心境的好坏，对于消费行为同样具有很重要的影响。良好的心境能使消费者发挥主动性和积极性，容易引起其对商品的美好想象，易促成购买行为。而不良的心境，则会使消费者心灰意懒，导致抑制消费者的购买欲望，阻碍购买行为。在市场营销活动中，一方面，创造舒适优雅的购物环境，建立轻松愉快的购物气氛；另一方面，营销人员应当努力把自己培养成快乐活泼、富有表现力和感染力的人，经常以乐观的情绪感染消费者，“动之以情，晓之以理”，引导和帮助消费者排除不良心境。

（3）热情。热情是一种强有力的，稳定而深刻的情感。热情虽不如激情强烈，但比激情深刻而持久。它有时虽不如心境那样广泛，但比心境强烈而深刻。热情不仅仅是简单的情绪体验，它也是一种情感状态，还是意志行动的组成部分。积极的热情蕴蓄着坚强的意志力量，能够给人们以鼓舞，激励人的行动，去实现和达到伟大的目标。

消费者的热情总是有一定的基本方向和目标的，为了达到目标乐意做出努力和奋斗。例如，一个热爱音乐的人，为了达到购买钢琴的目的，哪怕省吃俭用，也要如愿以偿。许多消费者就是在这种热情的推动下购买某种商品的。市场营销者要想方设法了解消费者的心理、兴趣和爱好，利用各种营销推广手段，唤起消费者的热情，培养惠顾动机。

2. 情感营销

所谓情感营销，就是把消费者个人情感需求和差异作为企业品牌营销战略的情感营销核心，借助情感包装、情感促销、情感广告、情感口碑、情感设计等策略来实现营销目标。在情感消费时代，消费者购买商品看重的已不再仅是商品数量的多少、质量的好坏以及价钱的高低，而是为了得到感情上的满足、心理上的认可。

情感营销从消费者的情感需要出发，唤起消费者的情感需求，诱导消费者的心灵共鸣，寓情感于营销之中，让有情的营销赢得无情的竞争。情感是生活中的一个决定力量，是大部分重要体验和记忆的核心，利用情感的力量，确实能影响消费者的购买冲动和品牌忠诚度。

（1）抓住消费者的眼球。美女之所以更吸引人，是因为漂亮，产品亦然！漂亮的产品，漂亮的包装，漂亮的名字，都会让消费者对品牌怦然心动。因此，在第一时间引起消费者的“好感”，也就完成了情感营销的第一步。全球知名的品牌几乎都会有一个或更多的地方在外观上能够引起消费者的注意，并因此引起消费者的情感共鸣，甚至一见钟情。当然，除了具备吸引消费者的“迷人”外表之外，要想让品牌散发出魅力，还要重视其他方面，例如，很多品牌的魅力都是从它的名字开始的。拥有一个好名字，不仅能在最短的时间里抢占消费者心智，产生极高的提及率，还能给自身增添美的内涵，激发消费者的共鸣。

（2）用“体验”拉近消费者与产品的距离。如何拉近产品与消费者之间的距离，通过哪些营销方式把消费者对品牌的“好感”延续下去，是每个品牌都必须面对的问题。只有用体验式营销拉近品牌与消费者的距离，才能用感情“俘获”消费者的心智。在商品社会中，情感甚至已经成为维系人与品牌之间关系的纽带，品牌只要跟目标消费者建立起理性的关系，让他们感受到强烈的情感关联，品牌本身也就具备了吸引消费者的基础。然后通过声、色、味、形、香的极致运用，把消费者紧紧地拉到品牌身边，继而产生更深的感情。“体验式营销”最终的目的是为顾客创造全方位的体验，即感觉体验、情感体验、创造性认知体验、身体体验和生活方式体验及社会特征体验。

（3）“依赖”感强，消费者自然就离不开。依赖度就是消费者对某一产品的渴望程度，依赖度越大，消费者对某一产品的渴望度就越强，一旦时时刻刻都不能离开它时，该品牌也就能彻底占领消费者的心智了。在消费的过程中，消费者不仅能得到一种物质的满足，还能在其内心世界获得一种特殊的精神享受。

（4）吸引消费者，为品牌而痴迷。品牌文化是品牌对消费者最有吸引力的部分，消费者不惜“重金”也要让自己与品牌之间形成紧密的联系。当然，用品牌文化让消费者为品牌而痴迷，不是用理智而是用情感决定自己的消费行为，一定要与品牌缔结如婚姻般的亲密关系。

（5）维持良好的婚姻关系。品牌与消费者虽然结合在了一起，但并不代表品牌就可以高枕无忧了。消费者最善“喜新厌旧”，同时还要面临其他品牌的“插足”甚至“横刀夺爱”的威胁，所以品牌经营的每一步都如履薄冰，要想保持长期吸引消费者的形象，就要经常给消费者以惊喜。

3. 争夺消费者的碎片化时间

新媒体时代带给我们的一个重要生活变化，就是将我们的时间打碎，原本应该是整段的阅读时间、写作时间、亲子时间、工作时间、旅行时间，却常常被突如其来的微信、短信、邮件消息所打断；同时，我们也被长期的新媒体使用培养得总会忍不住刷一下微博、朋友圈，包括直播营销内容，都加剧了时间的碎片化。而展现“浓缩就是精华”的短视频，则更符合当下快节奏生活时间碎片化的场景需求，比长视频更适合受众。举例如下。

链客找准当代人生活痛点，释放当代人冗余精力，满足了当代人信息需求。链客抓住当下的潮流，打造了一个供用户消遣娱乐的短视频平台，满足了用户的需求。视频短小精悍，可随时开始又可随时停止观看，有效地填补了生活化、碎片化的时间中较强的信息接收需求。

在我们的生活中，本身就有许多零碎的短时间，比如，等车、等人、睡前、吃饭、排队、小憩等。可以说，碎片化生存已经成为当前我们生活的常态。而在碎片化的时间里，蕴含着大量的对信息吸纳的需求，不论是想充分利用各种细碎时间来吸纳知识，还是只想在无聊的零碎时间里休息娱乐。

对于用户来说，碎片化时间往往意味着等待、无聊、无所事事，这时候趣味性的短视频就非常适合他们的胃口，比如情景剧、连续剧类等视频，就可以增加一些故事情节、情感互动等。

这种用户个性化的创意，不仅能让短视频的内容海量、丰富且可视性强，还能有效提升短视频的传播效果；不仅能在创作上强力吸引用户制作、上传视频，还能通过用户的大量观看视频，形成草根网民之间的互动和对话，二者相辅相成，共同提升了用户黏着度。

不同时期有不同的信息表达、传播和接受方式，这是自然而自觉的信息和媒体发展规律。面对新的形式，直播营销平台不仅要释放娱乐休闲功能，更要释放审美文化功能，在社会沟通和交往中起到良好作用，走上一条有内容、有活力、有质感、有创新的发展之路。

当然，在碎片化时间里，最好不要做专业且有深度的事情。因为在这段时间里，用户头脑大多都处在放松的“频道”上，简单易操作的短视频更能延续用户的放松状态。碎片化时间中，用户的状况也是多样的，有站着的、坐着的、趴着的，还有蹲着的，简单易操作的短视频更能适应这类用户的使用环境。

四、遵循信任经济逻辑，打造口碑传播路径

直播营销借助于网络，呈现于各直播平台，买卖双方不会直接面对面，购买行为的发生主要得益于信任。因此信任经济也是当今经济发展的一大特点。品牌良好口碑的获得，同样需要遵循信任经济的逻辑，因为人们往往更愿意相信值得信任的人推荐的商品。

1. 信任经济

信任经济，是指以诚信为基础的经济活动。人与人之间的社会交往，诚信是一种道义准则。在经济活动中，以诚信为基础，就会产生信用活动。

直播营销的前提是与用户建立关系，而这种关系的前提是信任。如微商一样通过好友申请是信任关系的第一步，好友对你所发的内容产生兴趣是第二步，与好友评论、互动、交流是最后一步。长此以往，即使是陌生人也会变成熟人，即使是弱关系也能变成强关系。只要你的产品和服务质量可靠，基本上就可以成交。

信任经济的核心是从流量思维转换到了用户思维，特别是核心用户思维。信任经济时代玩的就是用户思维，你要相信企业背后面对的是活生生的人，你

提供的产品好或不好，用户都能在最短的时间里帮你传播出去。

信任经济时代，只要做好两件事就足够。第一是做好产品，第二是用自媒体工具做好传播。那么，如何才能做好产品和服务呢？用好自媒体工具，学会如何自己传播，如何让用户帮你传播。

自媒体时代，不管企业发展规模如何，你的微信公众号都应该有两个：一个是传播企业家本身的，即公司的CEO；另一个是传播公司的，也就是说，不仅要有个人公众号，还要有公司公众号。

如何让用户帮你传播？不管销售何种产品，只要用户跟你进行了接触，你就要想办法让他变成你的用户。为了不让用户流动流走，最好的方法就是微信，就是加个人号或公众号；然后创造各种各样的产品与机会，让用户有意向地为你提供帮助，然后再设置传播的方式。要自己创造一种机会，让用户帮你传播。

2. 直播营销，应该是信任经济

直播营销最终会走向“信任经济”，主要表现在以下几个方面：

（1）影响力决定吸引力。虽然每个人都能进行直播营销，但不是每个人都能做好直播营销。直播营销是可以培养的，跟草根比起来，专业达人和意见领袖更容易做好直播营销。因为他们在某些方面、某个领域更有话语权和影响力，粉丝更容易相信他们。也就是所谓的影响力决定吸引力。影响力发展到最后，就是产品人格化的具体体现，跟产品打交道，就是跟人打交道。比如，看到苹果会想到乔布斯，看到罗振宇会想到“罗辑思维”，看到微信可能就会想到张小龙等。

（2）从分享中获取价值。人们一般都愿意分享有趣的文章和新奇的事物，主要原因在于：一是这些东西能够给我们带来价值和乐趣，二是希望身边的朋友也能看到和感受到。这种分享是无偿的，即使不能给人们带来直接利益。但是如果能够将无偿的分享变成有偿的分享并让用户可以从中获取价值利益，相信定然会有很多人参与。

直播营销应当是一种建立在移动社交或社会化媒体之上的信任经济，每个直播营销都将以信誉来为他所“代言”的产品背书。在信息化越来越透明的移动互联网里，人与商品的关系会越来越对称，人与商品背后的卖家的关系会越来越强，而这种信任经济将会加速人与人、人与商品之间的流动。

3. 打造好口碑

口碑营销能给商家带来极大的好处，不仅能帮助企业塑造品牌，还能提升产品在消费者心中的形象。随着互联网的发展，营销渠道越来越多，但是获取信息的主动权依然掌握在消费者手中。因此要想做好口碑营销，不仅要重视产品质量，还要选择合适的营销方法。那么做好口碑营销一般要经过以下几个步骤：

（1）策划一个爆发点。营销活动要想在消费者中形成口碑效应，首先要策划一个引起关注的爆发点。只有这个点引起了消费者的兴趣，消费者就会主动关注产品和企业，并向身边的人传播这些产品信息，如此也就具备了引发口碑传播的基础。口碑营销最重要的一点就是要站在消费者的角度思考问题，要围绕消费者的需求做营销策划，想消费者之所想、急消费者之所急，这样才能引起他们的关注。

（2）通过爆发点引发一个话题。口碑营销最重要的是让人们乐意口口相传，让人们自愿谈论。所以，企业首先策划一个引起关注的爆发点，然后通过引爆点营造一些可谈论的话题，来引起人们的持续关注与传播。

（3）选择合适的传播渠道。传播渠道的选择对口碑营销非常重要，渠道选得不合适，传播效果就会大打折扣。随着互联网的发展，传播渠道也呈现出多样化发展趋势，出现了微博、微信、论坛、博客、直播平台等众多的渠道。只要引爆点足够吸引眼球、话题足够热，自然就能吸引用户参与，口碑传播也就能够形成，而且还能在不同渠道之间蔓延。

（4）监控好口碑宣传。要想掌握口碑的传播效果，就要对口碑传播实施监控。因为口碑营销要与其他营销手段相配合，所以口碑营销的监控数据与指标就要根据不同的传播渠道来确定。例如，通过微信来操作的，要统计点击量、转发量等；通过微博操作的，要统计点击量、转载量以及评论的关注点。同时，还要对传播过程进行管控，及时引导口碑方向，防止出现意外和负面的消息。

第四章

精准定位，科学制定直播营销的产品策略

一、解密当红主播的制胜之道，把握产品策略的逻辑

说到主播，可能很多人都会想到网红。作为互联网的一种产物，网红在营销领域也发挥着越来越重要的作用。制定产品策略，销售产品，同样也要将当红主播利用起来，借助他们的力量，来提高产品影响力。

1. 网红经济

当红主播通常都具有某种才能或特长，借助互联网平台，将自身的外貌、本领、技能、思想等传播出去，并可以在一定的范围内引起用户关注。

网红的产生和发展直接催生了网红经济，网红经济是以网络红人为形象代表，以红人的品位和眼光为主导，进行选款和视觉推广，在社交媒体上聚集人气，依托庞大的粉丝群体进行定向营销，最终将粉丝转化为购买力。经过近20年的发展，网络红人在各种互联网平台积聚了惊人的能量，网红已成为眼球经济、粉丝经济、社群经济的一个入口。

早期的网红经济以人为主，即网络红人开的网上店铺。不过这种店铺常规退货率达20%—30%，在促销时退货率甚至高达50%以上，而一般的女装电商退货率在10%—15%之间。原因就在于，专注于“网红”本身的运营，

忽视了产品的品质与价值。长期如此，必然会一败涂地。

2017 年，一款名为“脏脏包”的食品一夜爆红，上线当日就销售了 92000 个。网红经济的“网红”，从人变成了物。这种变化的本质，是将主打培养导流的人变成了主打产品。

产品才是零售最重要的组成部分，零售的本质也是卖产品，网红经济一味重视导流手段的经营方式，本身就走偏了。

2018 年的网红经济，更多的是转变思维，从注重导流的人到注重引流的产品，网红不只局限于“网络红人”的概念，包装、传播和变现构成了网红经济的重要环节，也是网红经济的制胜之道。

2. 网红经济的形成机制

（1）核心：网络红人。身体传播基本上可以分为三种：有机的身体、再现的身体和生成的身体。经过包装的网络红人属于再现身体的传播，再现的身体是指传播者使用一定的技术手段，将有机的身体以图像的方式呈现出来。网络中，传播者将有机的身体以数字编码的形式，通过互联网界面，传播给受众，为受众创造一个梦境般的现实生活场景，满足受众无意识的本能需求。

传播者经过数据分析，依据一定的标准，比如相貌、衣品、性格、爱好等，将受众喜欢的网络红人打包分类，为不同群体定制不同的产品，为受众的无意识宣泄打开了闸门。通过网络界面，受众可以窥视到现实生活中很难遇到的图景。这种利用大数据分析创造出的网络红人是传播者制造的一个梦境，运用手机等私人化的工具，就能给受众带来“一对一”交流的幻象。

优质的网红还要具备敏锐的观察力、渊博的知识和深邃的思想等，比如“罗胖”、Papi 酱等。对于受众来讲，这种场景是完美的，生活中轻易看不到、得不到，异常稀缺。因此，“网络红人”是网红经济的核心。

（2）连接：粉丝文化。真正的粉丝不仅要时刻关注自己喜欢的明星或选手，付出精神上的代价，还要用实际行动支持偶像，付出时间和金钱，从投票、海报到门票都是需要花钱的。初始时期，粉丝与偶像的黏度不是特别强烈，对于偶像的关注也要受到时间和空间的限制。移动互联网时代的到来，大大提升了粉丝与偶像的黏度，接收空间的无限制，以及接收时间的碎片化，更能增加粉丝对偶像的热情与期待。

物以类聚，人以群分。传播者与受众（粉丝）之间往往具有一定的相似度，粉丝以自己的偏好为主要标准，选择不同的网络红人作为偶像。不同的是，屏幕里的是理想化的生活世界，屏幕外的则是无奈的现实人生。两者具有极高的相似度，受众难免会产生这样一种想法，“如果跟她（他）的长相、兴趣、衣品、爱好等一致，我也会成为她（他）”，由此，粉丝也就失去了对于生活和选择的思考，不断追逐传播者所塑造的虚幻的“像”，企图有一天成为屏幕里的“小哥哥”“小姐姐”，也因此常常将网络红人对于衣食住行的定位与要求作为生活的选择和标准。

传播者利用受众这种追求与理想化生活一致的心理，通过网络红人在互联网平台开设店铺、网红代言品牌广告等方式，将线上的流量转化为经济效益，产生收益。因此，粉丝文化是网红经济得以形成和存在的必要条件。

（3）转换：关系经济。网红经济不只是粉丝经济，关系经济才是其存在发展的充分条件。新媒体经济是一种关系经济，是一种以互联网为基础，以关系传播为纽带，以关系产品和关系转换为核心，并创造出新的商业模式的经济活动，也是一种新的经济形态。关系产品、转换机制和价值实现构成了新媒体经济的三大要素。

传播者通过互联网平台，利用大数据分析，能为受众构建一个虚幻场景；传播内容对用户有较强的吸引力，就能满足受众的某些心理或生理需求；社交媒体具有良好的技术性、交互性以及巨大的创造力，人们能够自由地组合在一起，让大众传播回归到人际关系的层面上，从而更加重视个体价值的实现。

众多粉丝在微博、微信、百度等平台集聚，网络红人传播的内容也就成为人们茶余饭后的谈资，包括主播的服饰、穿着、谈吐、声音等，继而在社交平台上引发讨论、进行互动，促使粉丝之间、网红与粉丝之间产生关系，互动频率越高，粉丝之间、粉丝与网红之间的黏度就越高，关系也就越紧密。

3. 把握产品策略的逻辑

关于这一点，我们以嘀嘀红人为例来说明。

（1）红人带货。和公众号的百万粉丝大V一样，如今在抖音上也有很多这样的红人。高人气、粉丝黏性强的红人，只要内容富有创意，即使在视频中有产品的照片切换，没有口播，只是将其放在显眼位置，也能吸引粉丝购买，主动搜索，点击视频旁边的购物车，跳转到购物置页面，这就是粉丝经济。

嘀嘀红人，正式成立于2019年1月，是国内首家以“直播平台达人带货、抖音数据开发、抖商创客孵化”结合的三合一直播平台电商赋能平台。创立之初，为了快速打造“1+1”网红带货经济，其与畅玩MCN季候、爱都时代等多家网红机构达成深度合作关系。

（2）巧妙引入。很多直播平台的内容策划都非常精明，不会简单粗暴地直接展示产品卖点，而是通过软性植入、创意剧情等方式，或通过干货教育类，特别是美妆护肤类，以教人化妆变美的内容为主，进行侧面推荐。

嘀嘀红人首创了“商家平台发单＋红人1秒接单”的嘀嘀模式，其结合抖商数据系统，用大数据匹配商家达人，精准识别商家用户画像，精准对接符合爆款商品用户画像的带货达人，规模化打造爆品。平台主要的带货红人，要求低、不挑剔，没有前期费用，只要产品好，就能卖爆，能够赚得佣金，他们就会一直接该品牌的商品。

（3）后期带货。这种策略一般具有品牌思维，前期先做优质内容，逐步积累流量，跟粉丝互动，蹭热点，涨粉丝。有一定的粉丝基础后，再引导关注产品和店铺。前期的积聚，可以防止在直接引入产品时，形成人流量的消逝；后期逐步稳定后，就可以展现畅销单品或创立购物车窗口。

二、精准解读大数据，构建有竞争力的价格模式

商品价格的制定，取决于很多因素，而关键因素的获得，还要得益于大数据的解读。大数据时代，很多的事务都被贴上了大数据的标签。将大数据运用于直播营销，就要知道同行的价格，知道产品的前景，知道产品的受欢迎程度……以此为基础，就能制定合理的价格，提高竞争优势，为营销提供助力。

1. 关于大数据

“三分技术，七分数据，得数据者得天下！”大数据时代已经到来，要用大数据思维去发掘大数据的潜在价值。2012 年后，“大数据”一词越来越多地被提及，人们用它来描述和定义信息爆炸时代产生的海量数据，并命名与之相关的技术发展与创新。

大数据是高科技时代的产物。随着云时代的来临，大数据也吸引了越来越多的关注。大数据分析经常跟云计算联系在一起。在现今的社会，大数据的应用越来越彰显它的优势，占领的领域也越来越大，电子商务、O2O、物流配送等，利用大数据进行发展的领域，都在协助企业发展新业务，创新运营模式。

借助“大数据”这个概念，对于消费者行为的判断、产品销售量的预测、

精确的营销范围、存货的补给等都能得到全面的改善与优化。

（1）大数据的特征。大数据主要特征如表 4-1 所示。

表 4-1　大数据的特征

特征	说明
数据量大	大数据的起始计量单位至少是 P（1000 个 T）、E（100 万个 T）或 Z（10 亿个 T）。
类型繁多	这里的数据主要包括：网络日志、音频、视频、图片、地理位置信息等，多类型的数据对数据的处理能力提出了更高的要求。
价值密度低	随着互联网的广泛应用，信息感知无处不在，信息海量，但价值密度较低，如何通过强大的机器算法更迅速地完成数据的价值“提纯”，是大数据时代亟待解决的难题。
速度快 时效高	这是大数据区分于传统数据挖掘最显著的特征。如今，既有的技术架构和路线，已经无法高效处理如此海量的数据，而对于相关企业来说，如果投入巨大采集的信息无法通过及时处理反馈有效信息，必然会得不偿失。大数据时代对人类的数据驾驭能力提出了新的挑战，也为人们获得更为深刻、全面的洞察能力提供了前所未有的空间与潜力。

（2）大数据引发的思维变革。大数据时代，当数据的处理技术发生翻天覆地的变化时，我们的思维也要随之变革。

①利用所有的数据，不再仅依靠部分数据，而是全体数据。

②只有接受不精确性，才有机会打开新的世界之窗，即不是精确性，而是混杂性。

③不是所有的事情都要知道现象背后的原因，要让数据自己“发声”，即不是因果关系，而是相关关系。

（3）应对大数据的措施。好的企业应该懂得未雨绸缪，从现在开始就应该着手准备，为后期的数据收集和分析做好准备。企业只要从下面六个方面着手，遇到大数据的时候，就能快速发展。

①确定目标。每个组织都可能需要收集源源不断的数据，无论是社交网络，还是车间传感器设备；同时，每个组织都有大量的数据需要处理，工作人员需要了解企业运营过程中都产生了什么数据，之后以自己的数据为基准，确定数据范围。

②建立准则。每个企业都会产生大量数据，它们互不相同，多种多样，工作人员要确认哪些数据是企业需要的，找到最能反映企业业务情况的数据。

③重新评估。大数据需要在服务器和存储设施中进行收集，且多数企业信息管理体系结构会发生重大变化，工作人员需要扩大它们的系统，以便适应不断扩大的数据库；要了解公司现有的设施情况，组建处理大数据的设施，减少不必要设备的购买。

④重视大数据技术。“大数据”是最近几年才出现的词语，并不是所有的工作人员都非常了解，例如 Hadoop、MapReduce、NoSQL 等技术都是 2013 年兴起的技术，企业要多关注这方面的技术和工具，确保在面对大数据的时候能够做出正确的决定。

⑤培训企业员工。企业最缺乏的是人才，多半企业都会缺少大数据方面的人才，对于一些职员较少的公司，大数据更是一种挑战，企业要在平时对员工进行这方面的培训，确保在大数据到来时能有员工可以从事相关工作。

⑥培养三种能力。随着大数据时代的到来，企业应该在内部培养三种能力：第一，整合企业数据的能力；第二，探索数据背后价值和制定精确行动纲领的能力；第三，精确快速实施行动的能力。

通常只要做到上面几点，当大数据时代来临的时候，企业也不会束手无策，而是成竹在胸，必然也能够从数据中得到好处，促进企业快速发展。

2. 大数据 + 营销

运用大数据，可以让产品和服务在更合适的时间、通过更合适的载体、以更合适的方式、传递给更合适的人。简而言之，大数据营销就是商家通过对已有的商业数据进行分析挖掘，让产品在合适的时间、通过合适的载体、以合适的方式、投给合适的人。

（1）大数据在市场营销方面的优势。大数据为现代公司的决策奠定了基础，营销团队借助信息和数据分析的力量，能提高企业宣传活动的覆盖面和影响力。概括起来，大数据在市场营销方面主要有以下几大优势：

①有利于科学规划。数据科学家为营销部门提供了对用户行为最新趋势的精湛分析，有助于企业制定全面的战略，也为有效的活动做好准备。数据驱动型营销，是企业在激烈的竞争中获胜的关键。它们不仅能够将消费者定位为大群体，还可以将其定位为具有特定特征的分段子群体，使它们有可能单独修改并适应每一个用户。

②更好地进行定制。用户体验是直播营销成功的基本先决条件之一。在大数据时代，企业或商家能够定制操作，改善用户旅程，使得用户都可以根据个人喜好来接受产品或服务。例如，Facebook 可以单独存储和分析数十个用户生成数据，不仅可以成功地确定目标群体的基本人口特征，还可以深入了解用户的喜好。

③测量投资回报率。现实中，很多商家其实并不知道衡量投资回报率的

具体方法。采用大数据，解决了这个问题，能够将营销活动直接归因于收入结果，以作为预算合理化的一种手段，考虑到所有营销渠道、活动和投资，并对每个元素进行成本效益分析，使企业的营销活动和预算得到相应回报。

④增加广告盈利能力。大数据，不仅可以改善企业的营销策略，还可以改善各个细分市场。随着商业智能服务投入的逐渐增多，广告也就变成了影响利润获得的因素之一。如今的广告都是个性化的，针对特定的消费群体，看起来更具吸引力，并且增加了参与的机会，更加改善了这种宣传方式。

⑤提高用户忠诚度。忠诚消费者是企业的业务核心，是品牌产品或服务的推广者。调查显示，55% 的消费者会通过向朋友和家人推荐自己喜欢的品牌和公司以表达忠诚度。使用大数据，企业可以检测到常见的购买模式，调整自己的服务，不断扩大忠实消费群。

⑥价格的差异化。作为市场营销组合中最重要的因素之一，企业的定价始终要经过认真的分析和监测。但是，使用大数据，企业就能实时调整产品和服务的价格，就能根据众多因素进行价格差异化。

⑦科学做出预测。数据科学不仅能够对当前的营销策略进行科学分析，还能够成功预测未来趋势。因此，商家完全可以用它来创建业务预测，使他们做直播营销的时候更加积极主动，且比竞争对手领先一步。

（2）智能化营销的三大改进。在营销 3.0 时代，大数据发挥的作用越来越大，通过大数据，可以对用户的需要进行细分、挖掘和满足；之后，结合相应的效果反馈机制，再对其进行综合评估分析。概括起来，结合大数据的精准化、智能化的营销，可以实现以下三方面的改进。

①受众更“全”。大数据收集到的是目标所有的信息数据，从中可以获取较以往更加全面和完整的消费者数据，认真分析这些数据，就能更真实地掌握消费者信息，更准确地发现消费者需求，并可以以此为基础制定出适合消费者需求的营销模式和营销组合。

②投放更“准”。大数据可以对用户特征、消费行为、需求特点等进行分析，有助于企业选择更合适的平台、载体和人群，让营销更精准，促进各行业营销模式的精准升级，改变行业内原有的营销战略和手段，提高营销效率。

③转化更“高”。大数据关注的是数据间的关联性，对海量的相关数据进行分析，就能发现并总结出消费者的消费习惯，并根据消费者的习惯进行预测，设置特定的场景，激发消费者的购买行为，有效提升受众的转化率。

3. 制定有竞争力的价格

定价对于零售经营的重要性毋庸置疑，在零售经营中，很多商家都会发出这样的困惑：

明明每个星期都有商品在大力打折，可顾客依然觉得价格没有竞争力？

紧盯竞争对手的商品定价，陷入无休止的价格战，毛利指标要如何完成？

市场上没有的独家商品和新品，缺少市场价格参考，需要如何定价？

为了回答这个问题，我们就来讲一讲如何利用大数据为企业的商品实现智能定价。

（1）定价是个系统工程。不仅跟商品本身的属性及销售表现有关，也与门店的竞争格局、客群构成，以及所属品类的战略定位有着密切关系。一旦将大数据和算法模型应用于战略、战术、执行、评估等的每一个层级，就能达到改善价格形象、提高销售额和毛利额的目标。

（2）定价店群分类。做直播营销，如何制定战略呢？举个例子，定价店群分类。使用 POS 数据、商圈数据、价格调研数据等内外部数据，对每家门店的客群和竞争属性进行分析，然后，利用聚类模型为门店分群，为不同类型的店群制定相应的定价策略和目标。竞争激烈、客群价格敏感度高的门店，要加大价格投资的力度和关注度；而针对竞争少、客群价格敏感度低的门店，则可以适当减少价格投资力度。

（3）商品价格弹性。所谓价格弹性，就是衡量价格变动引起的市场需求量的变化敏感程度，即某种产品销量发生变化的百分比与价格变化百分比之间的比率。影响商品销量的因素有很多，比如价格、促销、陈列、门店客流、竞品价格、商品的季节性以及天气状况等。为了更加准确地计算出价格弹性，就要对除价格外的其他因素进行分析、控制，需要为每个商品都建立一个多变量计量经济学模型，除了价格因素外，还要加入前面提到的因素，为每个商品分别计算价格弹性因子。

一般情况下，当商品价格从高位逐步下降，销量就会逐渐上升，销售额、毛利额也会相应提升，直到价格下降到某个点，商品的毛利额或销售额就会开始下滑，这种情况就是我们通常所说的过度降价。而商品的价格弹性因子决定着价格变化时商品销量、销售额、毛利额相应变化曲线的形状，使用数学模型，就能计算出商品销售额最大和毛利额最大时分别对应的最优价格，帮助企业精准做出定价。

（4）商品定价角色定位。使用大数据计算得到各商品的价格弹性后，就可以结合商品的重要维度，综合考虑商品的引流能力、销售贡献、毛利贡献、所处生命周期等因素，在品类内为每个商品定位各自的定价角色，制定相应的定价策略。例如价格弹性和重要性都较高的重点商品，需要制定有竞争力的日常定价，并结合高低价促销策略，树立品类价格形象、为品类引流、维护大盘销售。反之，价格弹性和重要性都比较低的利润商品，则可以适当提高商品毛利率，促进品类的毛利平衡。

三、打造创意内容直播，让品牌植入原生自然

随着时代的发展，直播营销已经不再只是单纯的“无聊文化”了。直播吃饭、直播睡觉、直播聊天的时代已经过去，粉丝对这些早已看烦看厌，尤其是众多直播平台的上市，让直播行业竞争变得异常激烈，如果依然走过去那种“无聊文化”的老路子，是无法获得粉丝关注的。要想获得直播营销的胜利，就要做到有内容、有创意、有价值。

1. 主播不是重要元素，内容本身更重要

除了游戏直播，如今在直播市场上，多数主播都选择娱乐性直播内容，于是就出现了很多美女主播被人诟病的过激行为，如直播吃饭，直播聊天，直播唱歌……刚开始的时候，可能因为新鲜还有人关注，但没过多长时间，人们就开始感到乏味而无趣。那么，如何才能长久地吸引观众呢？不能单纯只靠卖萌、撒娇，需要从专业化的信息入手。利用自己擅长的专业，直播专业性内容，观众就能学到新的、有价值的东西，并且会对其保持长期关注。具体来说，主要体现为以下几点：

（1）提供观众感兴趣的信息。事实证明，只有对自己感兴趣的内容，才会提高关注度，如以下几个类型。

①娱乐类信息。例如娱乐圈的八卦信息。只要是跟明星有关的信息，通常能吸引更多粉丝的关注，只要对近期热点明星进行分析评论，就能将粉丝吸引过来。但需要注意的是，不要带着个人偏见去评价明星，更不能用侮辱性的言语去形容某个明星；评价的内容要实事求是、客观真实，否则不仅会引起其粉丝的反感，还可能收到明星的律师函。

②重大事件。比如各种会议、活动、仪式等，直播这类事件个人和平台必须要有相关的资质和授权并符合国家的法律法规。

③社会类事件。比如优衣库事件，这类事件引起的关注度很高，商家完全可以借势营销。不过，直播评论此类事件时一定要把握好尺度、符合法律法规。

（2）从自己擅长的专业入手做直播营销。直播营销不是一味地追求噱

头，而是要找到自己真正喜欢并擅长的领域。比如过去很火热的直播吃饭。如今的粉丝已经不会再满足于单纯地看直播吃饭，但是如果主播能“吃”出花样来，也可以从美食入手。但不是让粉丝看你吃饭，而是教粉丝怎么做美食。

如果你是一个厨师，完全可以开一个直播频道直播如何做饭，手把手地教粉丝做菜。粉丝不仅可以全程观看做菜步骤，还能看见菜在锅里几分熟，同时还能听到你的讲解以及与其他粉丝的互动，新鲜感自然会极大地提升。而且美食的种类多不胜数，我国有八大菜系，各地方还有各种特色小吃，永远都不用担心题材的新鲜度。通常喜欢看直播做饭的多半也是热爱厨艺的粉丝，如果你的厨艺够专业，就不用担心粉丝流失的问题。

（3）专业，给粉丝传递有价值的信息。所谓专业性直播，就是粉丝通过观看直播，能够得到有价值的信息。例如观看直播做菜，观众就能学到菜的新式做法；直播股票分析，观众就能了解到最近的股票行情以及值得买的股票；通过专业游戏的直播，就能了解到大神的操作模式，提高游戏技艺；通过专业的唱歌技巧直播，粉丝就会觉得主播不是单纯地卖弄风姿，完全可以给自己带来愉悦的体验……总之，只要能够给观众带来有价值的信息，他们就会认可你的专业性，从而长期关注你。

2. 主播需要有内容策划能力

直播虽然倡导的是“人人都可以做主播”，但并不是每个人都能长期做当红主播。一个出色的主播、一个关注度高的直播频道，需要专业团队客观、真实和全貌地把信息呈现给用户，让用户对其产生喜爱、产生信赖。特别是时长5—6小时的直播，如果不提前进行专业策划，观众必然会感到疲惫；只有提前做好准备，让直播内容充实并有趣，才能在众多直播中脱颖而出。那么，怎么样才能策划出好的直播内容呢？

（1）了解观众想看什么。做直播之前，要想清楚：你打算给观众看什么，是不是能够传递有价值的信息？如今，已经不再流行“只坐在视频前，陪粉丝聊聊天”的模式，做直播营销就要明确粉丝能够从直播中得到什么样的信息。

（2）内容的真实性。策划直播内容可以发挥创意，但直播内容最好能和用户产生联系。也就是说，要用真实的信息和情感去打动用户，不能只是策划一个无中生有的内容，更不能虚情假意地去表达对一个事件的看法。

如果主播确实喜欢某企业或某产品或某品牌，就能调动自己真实的情感。比如在直播节目《侣行》中，主播身处真实的极地场景，真实地进行冒险，粉丝即使隔着屏幕，也能感受到主播一往无前的大无畏精神。真实是通往一切的道路，只有真的东西才是最过瘾的，多数粉丝都会为真实买单，绝不会沉迷于欺骗性的情感。

（3）策划内容的差异化。打开各直播频道，好像多数直播内容都很相似，美女直播、美食直播、游戏直播等。商家要想冲破同质化的包围，让自己脱颖而出，就要努力寻求内容的差异化。

其他商家在玩秀场，你就可以在秀场中玩一波高科技，粉丝就会觉得你很特别！只有拒绝套路，少些人云亦云，坚持自认为适合自己的道路，不被别人的想法所左右，才能杀出一条自己的“血路”，永远 不做别人的影子。

任何行业要谋求发展，都要走一条差异化的道路。直播营销不能再沉浸于单纯的“无聊游戏”，随着观众品位的不断提升，传统内容新鲜感的逐渐退去，就不能再单纯地吆喝和故步自封了。

3. 将品牌植入

所谓植入式广告，就是在视频作品中，融入企业品牌、产品因素的一种广告营销模式。观众在观看视频作品时，一般都感受不到自己接受的内容实际上是企业广告。因此，植入式广告又被称为隐形广告或嵌入式广告。直播作为当下最为火热的视频社交营销方式，采用植入式广告，就能为直播营销带来更好的用户体验和流量效益。但是如果广告过分突兀，就会给直播受众带来糟糕的体验。因此，在直播营销中，一定要注重广告植入的技巧。

（1）以品牌冠名直播。品牌是企业和产品的代名词，只要品牌足够深入人心，与该品牌相关的产品自然也会成为消费者的首选。因此，“品牌冠名”也就成了各大企业热门的营销方式之一。目前，品牌可以冠名电视剧、电影、综艺节目等，自然也就可以冠名直播。“品牌冠名”不仅可以在直播的名字中添加品牌名称，还可以在直播间的角落加上品牌标志灯，让观众充分感受到品牌的力量。但是，要避免刻意的产品广告，否则会失去植入式广告的意义。

（2）广告与直播内容、直播受众的匹配度。直播营销的广告要跟直播内容和直播受众等相匹配，这是广告植入的硬性要求。独一无二的直播内容，是直播营销在互联网中吸纳流量的必杀技之一，植入式广告只有与内容相匹配，人们才能自然而然地接受广告。如今，多数直播受众都是80后、90后，为了让他们更容易接受，直播营销的广告也要符合年轻人的“口味”。也就是说，广告与直播内容、直播受众的高度匹配，能够让直播营销的广告取得最大的宣传效果。

（3）使用相关产品。在直播过程中，使用相关产品，是最有效的植入式广告。其实，现在很多植入式广告采用的都是这种方式。比如春晚典型的植入式广告，就是在现场嘉宾的桌子上摆放各种品牌的矿泉水、饮料等。虽然主持人不会提及任何与产品有关的内容，但观众都能看到这些产品，并且配合整个会场显得非常自然，不会产生任何违和感。所以，直播营销也可以自然地使用相关产品，作为直播的植入式广告。

（4）广告的比重。植入广告的比重决定着直播营销的成败。因为，植入广告的比重不仅与广告时间有关，还与广告内容占直播总内容的比重有关。广告的比重太高，植入式广告就会失去最原本的价值；广告的比重过低，会让广告失去营销的效果。因此，要想取得直播营销的成功，就要适当地把握广告比例，使其正好能够让观众接受品牌、产品等信息。

（5）广告的时间。植入广告最难把握的细节是时间。举个例子，春晚镜头从来都不会在观众席上停留太久，却能让人们正好看到观众席上摆放的矿泉水和饮料。因此，进行直播营销，就要根据选用的广告方式，与企业品牌、产品等结合起来，规划出最适合的时间长度。

总之，直播营销的广告植入技巧，从选择广告方式到广告细节，都需要精心策划。在直播中恰当地植入广告，不仅可以提高观众的用户体验，还可以为直播营销带来丰厚的收益。

四、详细梳理顾客需求，策划互利互惠的促销活动

顾客的需求有很多，比如生活中的、心理上的，只有了解他们的真实需求，才能有针对性地进行商品销售。同样，为了吸引顾客的关注度，可以从这些需求出发，策划多种促销活动，让顾客从中受益。只要将顾客成功地吸引过来，并让他们参与到活动中，就能促进促销活动的成功。

1. 何谓顾客需求

营销的本质是满足顾客需求，网络用户的需求主要具备如下几个特征：

（1）个性消费的回归。不同顾客，消费行为或爱好也不同，每个消费者都是一个细分市场。认同感是顾客做出购买品牌和产品决策的先决条件，每个人都希望自己与众不同，都不希望被复制，从长尾理论来说，商家不能只关注有大批用户的商品，还要关注那些只有小众消费者的产品或服务。

（2）消费行为理性化。消费者在网上消费时，一般都会进行大范围的选

择比较。正常情况下，直播营销的成本较低，商家能够通过降低商品价格，积极开展促销活动，给顾客带来实惠。

（3）超前性和可诱导性。数据显示，在直播平台上购物的顾客，多数都是经济收入较高的中青年。他们喜欢超前和新奇的商品，比较关注新的消费动向和商品介绍。

（4）层次性。顾客的个性化需求，让直播营销的消费需求呈现出层次性。不同顾客所处的环境和背景不同，需求自然也就不同，即使在同一需求层次上的消费者需求也不会相同。

（5）便捷与购物并存。在直播购物过程中，消费者不仅希望满足实际的购物需求，同时还希望从手机上得到更多的产品信息，并从中得到各种消费乐趣等。

（6）女性占主导地位。喜欢消费和购物是女性的天性，当女性网民所占比例和数量达到一定量时，直播平台中的女性顾客就会占据主导地位。

（7）消费的主动性增强。随着网络出生的消费者，一般都对科技比较在意，当人们越来越追求个性化的时候，消费的主动性也越来越明显。

（8）交叉性。在直播营销的消费中，各层次的消费不是互相排斥的，而是紧密联系在一起的，需求之间广泛存在着这种交叉现象。

2. 网络消费者的购买过程

网络消费者的购买过程，也就是网络消费者购买行为形成和实现的过程。概括起来，网络消费者的购买过程可以分为五个阶段：唤起需求、收集信息、比较选择、购买决策和购后评价。

（1）唤起需求。网络购买过程的起点是诱发需求，消费者的需求是在内外因素的刺激下产生的。如果消费者对市场中出现的某种商品或服务产生了兴趣，就可能会产生购买欲望。如果没有这一基本前提，消费者也就无从作出购买决定。对于直播营销来说，诱发需求的动因只能局限于视觉和听觉。文字的表述、图片的设计、声音的配置是直播营销诱发消费者购买的直接动因。从这方面讲，直播营销对消费者的吸引确实比较难。从事直播营销的企业或中间商不仅要了解与产品有关的实际需求和潜在需求，还要了解这些需求在不同时间的不同程度，更要了解这些需求的诱发因素，进而巧妙地设计促销手段，以吸引更多的消费者浏览网页，诱发他们的需求欲望。

（2）收集信息。收集信息的渠道主要有两个：内部渠道和外部渠道。内部渠道是指消费者个人所储存、保留的市场信息，包括购买商品的实际经验、对市场的观察和个人购买活动的记忆等；外部渠道则是指消费者从外界收集信息的通道，包括个人渠道、商业渠道和公共渠道等。一般来说，在传统的购买过程中，消费者对于信息的收集多数都是被动的。不同于传统购买时信息的收集，直播营销信息的收集带有较大的主动性。在购买的过程中，商品信息的收集主要是通过互联网进行的。一方面，消费者可以在网上跟踪已经了解的信息；另一方面，消费者还可以在网上浏览，寻找新的购买机会。人们的消费层次不同，消费者多数都具有敏锐的购买意识，领导着消费潮流。

（3）比较选择。消费者需求的满足是有条件的，即实际支付能力。如果没有实际支付能力，谈何购买欲望？那么实际购买行为也就无从谈起。为了使消费需求与购买能力相匹配，消费者就要对产品或服务进行比较选择。消费者对收集到的各类资料进行比较、分析和研究，就能了解到各种商品的特点和性能，最终选出最满意的一种。通常，消费者对产品的综合评价要考虑这样几个因素：功能、可靠性、性能、样式、价格和售后服务等。直播购物不会直接接触实物，消费者对商品的比较依赖于商家或主播对商品的描述，包括文字描述和图片描述。如果商家对自己的产品描述不充分，就无法吸引众多顾客；但是若对产品的描述过分夸张，甚至带有虚假成分，则可能永久地失去顾客。

（4）购买决策。与传统购买方式相比，网络购买者的购买决策有许多特点：购买者理智动机所占比重较大，感情动机的比重较小；网络购物受外界影响较小，大多数购买决策由消费者自己做出或与家人商量后做出；网上购物的决策行为比传统购买决策快很多。

（5）购后评价。消费者购买商品后，会通过具体的使用，对购买选择进行检验和反省，重新考虑这次购买行为是否正确、效用是否理想、服务是否周到等。这种购后评价决定着消费者今后的购买动向。为了提高竞争力，最大程度地占领市场，企业必须虚心倾听顾客反馈的意见和建议。

直播平台的出现，为商品营销的购后评价提供了独特的优势。消费者购买商品的同时，就可以填写自己对厂商、产品及销售过程的评价。商家得到评价后，会通过计算机的分析、归纳，迅速找出工作中的缺陷和不足，及时了解消费者的意见和建议，从而可以及时改进产品性能和售后服务。

3. 策划促销活动

（1）直播营销的促销及特点。直播营销中的促销是指商家向消费者或用户传递产品及服务信息的一系列宣传说服活动。通过这一系列活动，就能让目标顾客认识、了解产品或服务的特点和功能，从而引起顾客的注意和兴趣，激发顾客的购买欲望和购买行为，进而实现增加销售的目标。促销的实质是一种信息的沟通活动，信息由信息源发出，经过一定的传递渠道，传递给信息接收者，对接受者的态度和行为造成影响。所谓网络促销就是，商家利用现代网络技术向网上虚拟市场的目标用户（消费者）传递产品和信息，激发用户需求，促使用户产生购买欲望，并发生购买行为。

直播营销促销的特点主要表现为以下三点：

①传递信息的新方式。直播营销促销中的信息传递是通过现代网络技术进行的，前提条件是现代计算机网络技术和通信技术的发展。因此，在直播营销时代，商家只有熟练地掌握计算机和网络技术，才能提高促销效果。

②促销是在虚拟市场中进行的。虚拟市场的载体是互联网，虚拟市场的人群不受时间和空间的限制，具有广泛性，商家需要转变观念，突破传统思维，客观地与目标用户进行信息沟通。

③网络促销的全球性。商家要站在全球竞争的角度，运用网络技术，通过熟悉各国的社会文化环境，再有针对性地从事促销活动。

（2）直播营销，促销策略。

①折价促销。折价，就是打折和折扣，是目前网上最常用的一种促销方

式。目前，网民的网上购物热情远低于商场超市等传统购物场所，为了吸引人们购买，直播平台上的商品价格一般都比传统方式销售时要低。可是，由于在直播平台上购物，人们不能全面、直观地看到产品，也不能试用和触摸等原因，再加上配送成本和付款方式等情况的复杂，人们在直播平台上购物和下单的积极性自然也就下降了很多。而幅度比较大的折扣，可以促使消费者在直播平台上尝试性地去购物，并做出购买决定。目前，多数在直播平台上销售的商品都有不同程度的折扣。

②赠品促销。目前，赠品促销在直播平台上的运用还不太多，商家在新产品推出试用、产品更新、对抗竞争品牌、开辟新市场等情况下，就可以利用赠品促销的方式，提高促销效果。赠品促销，不仅可以提高品牌和直播平台的知名度，还可以鼓励人们经常访问网站以便获得更多的优惠信息；而且还能根据消费者索取赠品的热情程度，对营销效果和反应情况等进行分析评估。

③积分促销。网上积分活动一般都能通过编程和数据库等来实现，不仅结果可信度很高，操作起来还比较简便。具体过程如下：首先，设置价值较高的奖品；其次，消费者通过进行多次购买或多次参加某项活动，来增加积分；最后，用积分换得奖品。采用这种方式，不仅可以增加用户访问网站和参加某项活动的次数，还能增加用户对网站的忠诚度，继而提高活动的知名度等。

④抽奖促销。抽奖促销是网上应用较广泛的一种促销形式，多数直播平台都喜欢使用这种促销方式。具体方法就是，以奖品为手段，进行商品或服务的促销，同时附加于调查、产品销售、扩大用户群、庆典、推广某项活动等。消费者只要认真填写问卷、注册、购买产品、参加网上活动等，就能获得抽奖机会。

第五章

圈定用户，在直播中实现品牌实时互动

一、基于顾客契合的原则，完善顾客沟通体系

互动，离不开沟通，直播营销中的互动，同样离不开顾客沟通体系的建立。只有建立了正规的顾客沟通体系，才能满足顾客的心理，才能做到顾客契合，继而提高沟通效果和认可度。

1. 顾客契合

顾客契合是一种心理状态，借由在核心服务关系中与核心机构 / 客体 (如品牌) 互动，共创顾客体验产生的。

顾客契合发生在特定的条件下，可以产生不同的契合水平。在共创价值的服务关系中，顾客契合以一种动态的、重复性的过程存在，顾客参与企业、其他顾客之间相互交换知识的过程的强度就是顾客契合的指标；通过这种机制，新顾客就能变成忠诚顾客，重复购买的顾客更能对其保持忠诚。

顾客契合，一共包括以下四个组成成分 :

（1）互动。指契合的主体和客体之间的双向沟通。互动反映了契合的行为成分。

（2）专注。指顾客集中注意某品牌或企业等客体的程度，反映了契合的

认知成分。

（3）奉献。指顾客对某企业或品牌的归属感，反映了契合的情感成分。

（4）活力。指顾客与契合客体互动中的活跃程度，活力也反映了契合的行为成分。

顾客契合的特征主要有以下几个：

（1）顾客的保留度和忠诚度。

（2）顾客与组织建立并增强商业关系的意愿。

（3）顾客积极倡导并推荐组织的品牌和产品供应的意愿。

2. 顾客契合的策略

顾客不仅可通过实际购买带给企业经济价值，还可以通过口碑宣传给企业带来影响价值，通过提供信息给企业带来知识价值。忽视顾客契合，企业就会过低地估计顾客价值。具体来说，顾客契合的营销策略主要有这样几个：

（1）进行顾客投入管理。所谓顾客投入，就是顾客感知到的企业与自己的相关性。顾客投入管理指的是企业识别、发展让顾客投入企业业务和产品开发过程（如设计、营销、销售、顾客服务等）的潜在价值。高度投入的顾客，最终都会成为产品、体验和传递的一部分。在顾客投入管理中，产品只是识别顾客需求、解决顾客问题的一部分，产品设计和消费本身都会影响到顾客购买决策和顾客忠诚度。企业要建立在线评论平台，鼓励顾客参与在线评论；要为顾客提供与他们共享体验的平台，增强顾客对企业或品牌的情感、心理和有形投入，使网上评论成为顾客生活的一部分。事实证明，顾客对产品、服务、活动等的投入度越高，与企业的契合度也越高，对企业也越忠诚，也就越能给企业带来巨大的影响价值和知识价值。

（2）增强顾客心理授权感。在服务营销的研究中，顾客常常被看作是企业的“兼职员工”，顾客的参与会对服务质量和顾客满意度造成一定影响。随着信息和技术的发展，顾客对服务经历的控制欲逐渐增强，越来越多的顾客希望能够影响服务的过程和结果，降低服务消费的不确定性。因此，企业应授予顾客必要的权利，增强顾客心理上对服务经历的控制感。企业对顾客授权，增强顾客的心理授权感，会使顾客产生对企业的归属感和拥有感，提高顾客的心理所有权。在价值创造中，顾客占据主导地位，企业只是顾客共创价值的辅助者，而顾客在共创价值过程中的所有与购买和消费无关的行为都是顾客契合行为。因此，顾客心理授权还会影响顾客的价值共创。

（3）培养顾客的“主人翁”心态。如今，随着社交网络的日益发展，顾客更喜欢将自己融入不同的社交群体(即网上社区)。在该社区中，无论是虚拟的，还是实体的，只要顾客在心理上产生了归属感和占有感，就会更加关注与社区有关的企业的长期发展，也愿意投入更多的资源(时间、精力和金钱)去参与企业活动，而且会为企业创造更多的价值。

3. 完善顾客沟通体系

先来看看 2015 年杜蕾斯的一个经典营销案例。

在 bilibili 视频弹幕网站上，2015 年杜蕾斯搞了三次广告直播，该广告直播简直就是“无节操、无情节、无聊透顶！”。但是，让人没想到的是，这一系列活动竟然吸引了超过600多万人的观看。下面是3次活动的详情：

第一次直播。2015年3月，杜蕾斯推出第一个广告，广告内容是：一对年轻情侣，在一个高过人的标有杜蕾斯商标的巨大包装盒前，啥也没做，为了买套，在那里等了三个小时。

第二次直播。7月，杜蕾斯AiR空气套概念超市开张，店里啥都没有，限时营业三小时，就是全程直播买买买。

第三次直播。11月，杜蕾斯被送上太空。在太空的背景下，三个杜蕾斯的包装盒在屏幕里晃荡，全程什么也没干，满屏魔性版《星际穿越》的即视感，直播不到1小时，就吸引了上万人观看。

这么无聊的广告，怎么会吸引几百万人参与？看似无聊的背后，却给日常平淡无奇的生活带来一种添加剂。

不可否认，参与过活动的人一般都不会经常去凑这种热闹，但是如果出现了其他有想象力的新玩法，同样会吸引该群体的参与。在三小时超级无聊的广告弹幕中，包含着创意、话题、参与、传播和互动，而这也是直播广告背后的驱动力和价值。

二、搭建社群，打造企业与顾客的强关系

处于同一社群中的人，不是目标相同，就是兴趣一样；不是志趣相合，就是理想一致。社群中的人彼此之间更容易产生信任感。在直播营销的过程中，要想在企业和顾客之间建立一种强关系，就要重视社群的构建。

1. 做直播，先建社群再销售

所谓社群就是一群志趣相同、气味相投的人在一起，基于共同的目标，一路同行。而社群营销就是通过超值的产品、优质的服务体验，赢得用户口碑，吸引用户重复购买，甚至带朋友来购买，而朋友又可能影响更多的目标用户，更多的目标用户最终影响大量的潜在用户。因为是朋友推荐，所以转化率自然就很高。

为什么直播能够激活粉丝，形成裂变？因为它的体验感更强。那么淘宝为什么要推直播？因为最早淘宝卖货是用图片和文字，后来才增加了直播平台，而直播平台比图片和文字的感染力、体验感更强。同理，过去我们在社群里面做内容，是通过图文、语音、短视频或采用语音分享的形式与粉丝互动，打造社群内的体验感，如今把微信直播植入到社群，也就相当于给社群做了一次升级，直播做得越好，社群带来的粉丝也越多，也就可以为商家带

来更多的流量。

很多商家实体店都有这样的体会：要想维护好一个社群，就要投入巨大的精力，如果没有产出，社群是很难运营下去的。而维护社群的难点就在于群内很难做出有效内容，只能发文字、图片、小视频等。

基于微信平台的直播，能够与社群打通，而不管是抖音，还是快手，目前的直播都无法与微信做内嵌链接。当然，微信直播的推广也不能直接发到抖音的直播当中，只要在抖音的直播间和直播平台当中说出具体的微信号码，抖音立刻就会发出警告；讲多了，甚至会被封杀。

可见，在这些平台做直播，存在以下难点：

（1）既然是陌生人，就无法跟主播建立信任度，变现也更难。

（2）面对的是陌生人，素人直播，很难留存住陌生人。

（3）与陌生人无法进行持续的交流和互动。

也许商家辛苦地连续做了一个月的直播，但是很多人只是看了一次，就把直播间抛在脑后。而基于微信生态圈中的直播，可以跟社群做无缝对接，也就是说，只要将微信直播理解为社群运营内容打造和推广的工具，就能获取相应的流量、激活粉丝，实现进一步的成交和销售。

2. 直播与社群，相互带动滚动发展

刚刚接触微信直播，不要想着立刻就能出货，如果连粉丝都没做起来，流量都没做起来，铺垫都没做起来，且又是素人主播，就更不要这样想了。因为，理想很丰满，可是现实更骨感。所以，商家做直播营销，前期可以将主播

定位于福利主播，在直播间发放福利，在社群中做福利变现。也就是说，要将直播定义为对自己的社群进行流程再造的重要一环，让直播帮社群吸引流量，并且跟社群结合起来。

（1）微信用户是基于熟人的关系链，做直播之前就做社群，可以提前进群将直播推广出去，这样用户对象就是精准的。

（2）提前在社群中做铺垫，观众在直播间看了直播，对产品感兴趣，但还有疑问，就可以在社群中做咨询，在社群中做用户的跟进，并在社群中晒单，可以促进更多的人购买。

（3）可以在微信平台的直播间放置二维码，引流到微信群的推广入口，这样，用户看直播、转发二维码，就会有更多的人通过二维码来进入到你的直播间，直播人数就会逐步增长。比如，直播间的抽奖活动，设定为“达到多少人抽一次奖”，主播就可以在活动中预告“直播间人气达到多少，就进行抽奖”。让粉丝把直播二维码链接发到自己的朋友圈或转发到群，转发的人越多，直播间人气上升的速度就越快，抽奖的频次就越高，促使观众和粉丝去转发。同时，在直播间放社群二维码，让中奖人把截图发到社群。引流到社群之后，还可以进一步到线下店铺兑换奖品或领取奖品，同时也让社群与实体店产生了连接。

也就是说，通过前期的社群运营，社群里的种子粉丝就会转发，老群友就能带动新群友实现社群裂变。通过裂变，逐渐增加进入直播间的人，然后再通过抽奖等形式回流到社群，就能相互滚动发展。所以，对于商家来说，做社群加微信直播，更容易提高社群活跃度，同样更有利于将用户盘活。

3. 打造企业与顾客强关系

社群营销之所以能够获得企业及个人的青睐，就是因为它贴近生活，能够与用户建立长期的关系，然后可以长久地认识相处。为什么这样说呢？因为社群营销就是群，而这个群和其他群并没有太大区别。那么，怎样建立长期关系呢？

首先，要认识新朋友，认识他所在圈子里的所有人，就能拥有很多隐形的小群体。但是，仅认识还远远不够，要融入他们，跟他们有共同话题，并了解他们喜欢的东西。

其次，开设新话题，可以是关于你的产品或服务，但不能暴露你的身份。举个例子，如果你是化妆品销售人员，就可以结识一些大学女生，然后以大学生的身份了解一段时间，跟女生聊天讨论打扮的时候，若有若无地带入自己的产品，说"我用得不错，可以推荐你们用"；也可以干脆送一瓶，说"我姐姐出差回来，带来几瓶，你们可以试试"。如果好用，对方一定会问你具体的牌子和出售店铺的，甚至会推荐给朋友。人脉的作用很强大，只要销售出第一件商品，就可能带来更多件商品的销量。试想：如果有人推荐你使用了一个你觉得不错的产品，他再次推荐产品时，你会怎样？这就是关系建立的基础——信任。

当用户开始信任你的时候，你说的一切，她都会认为是正确的，甚至还会为你着想。做人必须讲诚信，必须推广好的产品，否则只能往更差的方向发展。切记，不能只推荐一个牌子，其他牌子也要推荐一下；分享的同时可以多聊聊天，了解女生的喜好。

针对不同的用户心理，要分别采用不同的方式：

首先，不要推送他们不喜欢甚至反感的东西，比如，有人花粉过敏或讨厌花香，就不要推送花香或与花的味道相似的东西。

其次，了解粉丝喜欢的事物。比如，最近某部电视剧很火爆，那些人在追剧，你可以这样说“我前些天用了某牌子眼影，跟剧中某个喜欢的角色的妆容所用的是一个牌子”。这类人为了离偶像近一些，为了更像自己崇拜的偶像，一般都会冲动购买。

针对那些脸部或身上长有痘痘或黑头的人群，可以个别推荐。比如，可以说“今天起了两个痘痘，好烦！”大约一两周后，说“痘痘都不见了，这个真管用！”之类起到宣传祛痘产品的作用。

三、策划多层次的互动活动，提升社群的归属感

对于社群，成员一般都会有一定的归属感，但这种归属感也有强弱的区别。只有通过不断的活动和联系，才能加强成员的归属感。长时间不联系、不互动，情感联系就会渐渐变淡。同样，直播营销也离不开社群的支持，因此需要策划多种互动活动，提高社群的归属感。

1. 互动营销

所谓的互动，就是双方互相动起来。在互动营销中，互动的双方其中一方是消费者，另一方是企业，只有抓住共同利益点，找到正确的沟通时机和方法，才能将双方紧密地结合起来。要想提高互动营销的效果，双方都要采取共同行为，互助推广，才能有效提高营销效果。

互动营销强调的是商家和用户之间的互动。通常都是前期做策划，然后幕后推手开始对某一话题进行引导，接着网友参与其中，这是比较常规的互动。

互动性是互动营销发展的关键，在直播营销推广的同时，会有更多的信息融入目标受众感兴趣的内容之中。

认真回复粉丝的留言，用心感受粉丝的思想，更能唤起粉丝的情感认同。就像是朋友之间的交流一样，时间越久，越能产生一种微妙的情感链接。

官网、微博、微信公众平台等媒介营销，是泛自媒体营销，是在泛自媒体的概念上创建的一个具有专业性及权威性的营销模式，商家只要在自己掌握的"账号"渠道上传播信息，就能获得外界的关注和认可。

互动营销的基本要素有以下三点：

（1）访问者的用户体验要好。互动营销更注重用户体验，如果用户体验不好，是不可能成为企业的潜在用户或准用户的。如果企业免费提供试用品，那么此产品的用户体验要好，产品质量要过硬，并在使用过程中要对使用情况进行跟踪和服务。举个例子，Google 的 adwords 广告，如果 adwords 用户体验不好，关键词投放没有产生效果，用户多半都不会续费进行广告投放。可见，互动营销要想取得成功，离不开良好的用户体验！

（2）参与互动营销的便捷性。互动营销就是让访问者方便地参与其中，而不是要经过复杂的过程才能参与，否则访问者参与互动的概率就会小很多。人是有惰性的，特别是网民，惰性更大，如果参与互动比较复杂，就会点鼠标直接离开，不会参与其中。比如申请试用产品、参与调查等，要便捷一些，申请表格要简单明了，不能涉及隐私。

（3）互动营销有利于访问者的产生。想要访问者参与互动营销，就要对访问者进行利益的驱动，忽视了这一点，其参与的概率就会大大降低，因为无聊的人毕竟占少数。

随着直播营销的不断发展，其互动营销也将会出现更多的创新方式。一定要关注互动营销的三个要素，否则就有可能造成互动营销的失败！

2. 互动营销：让广告更“精准”

所谓的互动，就是双方互相动起来。从本质上来说，互动营销就是充分考虑消费者的实际需求，实现商品的实用性。互动营销能够促进相互学习、相互启发、彼此改进。而且通过“换位思考”，甚至还能带来全新的观察视角。

网络互动营销是指通过网络平台，商家与用户之间互动，提升企业公众关系。如今，除了专业的互动营销机构外，很多知名公关公司也相继涉及互动营销领域。

李佳琦作为“淘内直播一哥”，凭借OMG等热词火爆出圈；沈梦辰作为知名主持人，镜头上活泼开朗好动。他（她）们两人围绕“约会的神奇好物”进行直播，不仅满足了观众对两人互动的好奇心，也让女性消费者更加心甘情愿地去消费。

直播过程中，沈梦辰是消费者的“知心闺蜜”，大方地与网友分享自己在生活中的保养秘诀，帮助广大女性消费者乐享精致生活；她还是商家特邀的“火聚手”，不管是飘柔护发精油，还是佳洁士美感美白牙膏，都会在第一时间跟用户分享，消费者能够更直观地认识产品、辨别产品质量。

在直播中，李佳琦和沈梦辰还通过为参与互动的网友赠送宝洁超值大礼包，引发百万网友的积极参与，粉丝好评弹幕全面霸屏。

3. 互动直播营销怎么玩？

营销手段不断在更新、丰富，从报纸、杂志、户外，到广播、电视、网络，现在又加入了直播这个新元素。在竞争激烈的电商领域，只有不断寻找消费者最易接收信息的渠道，并将商品适时地展示出来，才能引起关注、带来流量，进而提高销量。目前，最热门、最吸睛的信息传播手段莫过于直播。

企业通过直播营销，可以快速捕获商机、完善用户画像、提升营销效率，那么，如何才能取得这样的好效果呢？首先，就是要主动跟用户互动。那么，直播营销怎么做好与用户的互动？具体方法如下：

（1）竞答红包。商家可以设置问题库，让答对者抢红包，速度越快，抢得的红包金额越高；反之，答错者将无法抢到红包。当然，也可以通过分享的方法获得复活卡，再次答题。复活卡获得需要条件，首次分享获 1 张；分享他人答对后，再次获得 1 张。在一个频道中获得的复活卡，只能限于一个频道使用。

（2）红包。红包是普通红包的玩法，商家可以在直播平台发放红包，设置红包数量与金额，直接发放到直播中，观众拼手速和网速抢红包，红包金额随机。

（3）抽奖。所谓抽奖就是商家直接开启抽奖活动，观众通过填写资料来抽奖，抽奖手机号只能参加一次，个人电脑端要与移动端保持一致。

（4）分享榜单。开启分享设置，由观众自行分享直播频道，分享榜单排名靠前的 1 名或 3 名有奖，提高用户的分享性和活跃度。

（5）注意事项。要善于使用直播的互动功能，增强视频直播的营销效果。

第六章 优化直播营销策略，扩大品牌传播面

一、精准定制传播内容，获得中心化的信任关系

用户一般都是通过阅读内容中的文字来了解直播信息的，仅有图片或仅拍一段视频，不仅无法将最好的内容传播给用户，还可能会引起用户的误会或反感。因此，要想扩大品牌的传播面，就要精准制定传播内容，获得中心化的信任关系。

1. 直播营销，内容怎么写

直播平台的营销价值在投放前、中、后各阶段有不同的优点：

投放前，直播平台营销门槛低、适应性强，可以灵活地满足各种营销需求；

投放中，直播平台的信息承载量丰富集中，可以与用户进行深度互动和沟通；

投放后，直播平台在传播声量上具有强大的肥尾效应。

以上三个特征决定了直播营销是兼具表现力和传播力的“双料选手”，既可以扩宽品牌及产品信息的展示面和传达的深度，又可以提高其传播的广度。

直播营销时代，各种各样的视频 App 不断推出，企业无论选择在哪个视频平台做营销，内容始终都是其直播营销能否成功的关键。那么，直播营销的

内容究竟要怎么写呢？答案是要重视视频封面，因为这是涨粉的关键。直播营销，通常只要使用一个爆款视频，就能吸引很多人来浏览你的视频，接下来，具体分析视频封面究竟如何做才能有好的效果。因此，它的封面就显得异常重要了。好的封面，能够吸引更多用户点击，从而带动以前的视频也火起来。

（1）视频封面上的文字标题怎样写才能让视频号涨粉？

①字数在精而不在多。如果在封面上放了太多的文字，就很难吸引用户点击。因为视频用户的注意力是有限的，他们会在短时间内做出判断，看看该文字是否值得继续看，文字太多，就会增加他们的烦躁感，所以在做封面的时候，要努力提炼出关键内容，封面文字不要超过 30 个。

②字体一定要大。对于封面来说，只有醒目的文字内容，才能抓住用户眼球；字体足够大，封面字体不要低于 24 号，用户才能在短时间里掌握要点。

③将关键字放在封面中间。点开视频看到封面是很直观的，能一眼告诉用户视频的主题。所以，要尽量将文字放在中间，突出且醒目，这样才能更好地传达给所有用户。

（2）视频封面如何设置才能带来更多流量？一个好的封面，能让用户更快地注意到视频亮点，从而吸引他们去点击观看，带来更多的流量。那么，如何来设置视频封面呢？

①封面要停留 1—2 秒。制作视频的过程中，封面要停留 1—2 秒，让用户在这段时间去了解封面的关键点，给用户缓冲时间。

②封面直接展示效果图。在视频封面先来一张效果图，吸引到的用户不仅会更精准，还能更直观地了解用户对不同内容的需求。

③封面图片很重要。人都是视觉动物，封面图片有强烈的视觉力，才能吸引别人驻留观看。

④使用固定风格。封面使用固定的风格，可以加深印象。

总之，要借用直播营销内容提高流量，做的视频封面就要比别人更有特色，才能得到更多的曝光机会。事实证明，简明而有新意的封面，是直播营销中的低成本获取流量的捷径，也是视频号大量涨粉的关键！

2. 直播内容怎么做

短视频内容是做给粉丝看的，粉丝的参与行为到产品的最终变现；同时，粉丝的行为还可能对我们的创作灵感造成直接影响。所以，做内容时，要重视了解粉丝的兴趣爱好和社会属性，只有贴近粉丝心理，才能创作出符合粉丝审美的内容。那么，怎么才能了解粉丝呢？最精准的方式当数数据。那么，要了解哪些数据呢？

（1）粉丝画像。粉丝画像，主要包括性别、年龄、职业、爱好等。这是最基础又非常重要的数据。通过这些数据资料，就能大致了解粉丝属于哪类人，就能更加准确而有针对性地去创作直播营销的内容。当然，做短视频时，还可以根据自己的行业，细化出更详尽的粉丝数据，之后做出符合大部分粉丝需求的短视频内容，然后再根据粉丝的反馈进行完善，从而产出独一无二的短视频内容，提高行业竞争力。

（2）粉丝的兴趣。与粉丝建立起联系、拥有了基础数据后，还要进行更深入的挖掘，比如，了解粉丝的兴趣，了解粉丝都喜欢关注哪些大V。如果粉丝都喜欢同一类大V，就可以总结这类大V的特色，然后去学习和模仿他们的风格，当然也要加入自己的风格和特色，提升核心竞争力。先模仿后创造，站在巨人的肩膀上看风景，视野就会更开阔。此外，还要看看粉丝最喜欢哪些内容，比如，标题、风格、封面和音乐等，然后将内容尽量往粉丝喜欢的方向靠。另外，还要关注这些：粉丝评论最多的视频有哪些？他们关注的核心问题是什么？以此为依据，总结出能戳中用户痛点的内容，就能获得更多用户的认可。

记住，只有立足粉丝，结合多维度粉丝数据的分析，创造出粉丝喜欢的内容，才能引发粉丝的喜欢和传播，让企业在短视频营销中获得流量和转化。

3. 什么内容更吸引受众

受众喜欢的视频直播内容如下：

（1）抛出用户关心的问题予以解答。要想吸引用户，就要收集一个用户关心的问题，然后予以专业解答，你的技能能为你赢得大量的好感。积极跟用户沟通，还能收到用户的互动。视频的内容既可以是演示解决问题的过程，也可以是解释原理的过程。记住，解答的针对性和操作的便捷性必不可少。

（2）讲一个故事，表达价值主张。如今，多数人都不喜欢看广告，都喜欢听故事。可见，把品牌化为一个元素或一种价值主张，融入一个富有感染力的故事，就可以很好地吸引用户的注意力，从而打动他们；一旦他们愿意分享你的视频，你的品牌就能获得持续的传播。至于故事的题材和角度，可以考虑创始人故事、产品故事、团队故事、用户故事等。

（3）使用一个代言人，与品牌建立关联。可以找具体的人做品牌的代言，但不一定得是明星，也可以是普通人，甚至还可以是一个动画人物或一个物品的拟人化。关键是，要对这个代言人进行包装，赋予品牌内涵。可以给代言人设定一个故事，也可以围绕它，对产品做一些周边的创意改造。

二、优化投放策略，实现信息的有效传递

编撰好内容后，就要策划好的投放策略。因为，只有采取正确的策略，才能将产品信息有效地传递出去，才能为商家带来高的影响力。

1. 实用视频的策划方法

随着视频广告红利的增长，视频信息流广告得到加速发展，因此，会用视频来呈现便显得尤为重要。但是，大多数人都无法在短时间内便学会如何拍摄视频、制作视频，有没有简单的、门槛较低的视频策划方法呢？目前，市场上出现的视频策划类型共有三种：图片转视频、文字快闪和情景短剧。三种类型各有千秋，商家可以结合自身情况进行合理选择。

（1）图片转视频。这种方法最简单，也最容易上手操作，例如，百度、今日头条等平台都为大家提供了这样的转换模板，只要将产品图片上传，就成功搞定。其优势在于成本低，只要有图即可；信息传达明确，主要应用于招商加盟、婚纱摄影等行业，例如，做法式烘焙加盟的行业，只要上传美食的图

片、配发相应的文案、去模板后台上传就可以了。但这类方法缺乏新意，很难打造爆款。

（2）文字快闪。近年来，我们在越来越多的产品发布会上可以看到官方制作出来的飞快变化和闪动的文字，能在极短的时间内传达大量信息，在观看字的过程中可以让人产生非常有节奏的快感。文字快闪在乎它的快，所以要尽量将文字运动速度调到最大，选择合适的字体、字号、颜色等。

（3）情景短剧。剧本写作的方法就是提需求，如果你所在的公司有外包视频团队，就可以生产情景短剧。通过剧本提出需求，让专业团队进行拍摄，比如，提供哪些卖点、到底选择人物还是情景剧等。只不过，情景短剧需要导演、编剧、演员等一条龙服务，拍摄成本高，有外包业务的多数都是一些大企业，投资大。但这并不代表我们不能做。所有的行业都要做视频，不管你适合不适合，抖音短视频的爆红就是很好的例证。

过去，传统行业的营销模式主要靠线下，更多是依赖老用户，随着O2O模式的到来，营销机构开始注重线上的付费推广，着手做竞价，然后是信息流。如今短视频发展火爆，市场更迭速度太快，就不要纠结于要不要做视频，因为VLOG早已应运而生。

VLOG是“video weblog”的简称，即视频博客，源于“blog”的变体，意思是“视频博客”，也称为“视频网络日志”，是博客的一种。其与短视频的最大区别在于，可以记录生活中的点滴。5G时代到来，用视频记录生活，VLOG将会是视频行业中最大的卖点。

2. 短视频营销的常见投放形式

目前，短视频营销的投放形式众多，只有对此有一定的了解，才能在后续选择更适合自己的投放形式展开营销。那么，短视频营销都有哪些常见的投放形式呢?

（1）广告植入形式。短视频营销广告植入形式共有两种：一种是硬广告植入，一种是软广告植入。这两种植入形式都是将品牌或广告内容植入到短视频中，将品牌和广告的内容进行投放，吸引更多的用户关注。但是，硬广告植入和软广告植入还有很多不同之处，如果看到短视频的内容就能够直接感受到广告的气息，这样的短视频营销形式就是硬广告植入；如果看完整个视频内容之后没有立马反应过来这是广告，就是软广告植入。

（2）自制类的投放形式。自制类也分为两种形式：一种是自己组建团队，制作短视频营销的内容；一种是委托专业的短视频营销团队，进行视频制作。但是，不管哪种形式，都需要注意一个问题，即所制作的视频内容一定要和营销内容相符合，按照企业的营销目的来展开，这样才能大面积地曝光品牌，收获更多的潜在消费者。

（3）栏目类的投放形式。跟其他营销形式比起来，栏目类的短视频营销更适合推广宣传，因为这种栏目类可以长时间活跃在人们的浏览范围内，尤其是针对性地浏览某个栏目，曝光量就要提高几十倍。

这 3 种形式就是直播平台投放短视频营销的常见形式，在营销的过程中，要根据自己的实际情况，选择适合自己的营销形式，才能够获得理想的营销效果。

3. 广告投放策略

“像一棵海草海草”“确认过眼神，遇上对的人”等音频，不仅在抖音上颇受关注，在微信、微博等主流社交媒体中也是人们关注的焦点。所以，在直播平台上利用音频来进行营销推广尤为关键，在具体操作时，有哪些投放的策略技巧呢？

（1）少投硬广，多找 KOL 植入。在监管部门对广告市场规范后，硬性推广的内容都要标注“广告”二字，因为人们看到这类内容时，很容易产生抵触心理。再加上，选择的多元化，让很多用户不会点击这类内容。统计数据也充分证明，抖音平台上带有“广告”二字的内容点击率极低，转化效果相当有限，而通过 KOL 植入的软文营销内容却能发挥良好的效果。以 papi 酱为连咖啡鸡尾酒饮品“莫吉托”进行广告植入为例。papi 酱一人饰演两个角色，从吐槽喜欢讲英文的“段子”入手，对莫吉托进行植入。不但避免了用户对广告的抵触，还借助 papi 酱的强大引流能力，使莫吉托的曝光量短时间内大幅度提升，销量迅速增长。

（2）多账号布局，团队全力投入。多账号布局的逻辑在于，打造抖音媒体矩阵。小米等企业之所以要在微博中开设十几个甚至几十个账号，目的就是打造媒体矩阵，通过协同联动实现大范围传播推广，直播营销同样如此。从生产优质内容角度来看，即使是优秀商家，也要不定期地寻找新思路，而企业营销则需要长期向目标用户提供优质内容，因些，搭建强大的内容运营团队也就成了必然选择。

三、以痛点诱导评论，引发复合能量效应

最好的销售就是要解决用户的痛点。以用户痛点为出发点，诱导用户发表评论，就能形成连锁反应。随着评论数量的增加，产品的信誉也就增加了，销售起来也会更加容易。

1. 关于用户痛点

这里的痛点指的就是用户的恐惧，即能够让用户感到害怕、想主动寻求解决方法的地方。能引起用户恐惧的，才是痛点。讲一个反面例子。

有个人拿着自己的发明去找风投，说自己针对大家的痛点做了一个发明，市场非常大。什么痛点呢？

他说："你们上厕所时有没有被厕所水溅过屁股，我发明的这个东西，解决了你的烦恼。"

这是否是痛点呢？答案当然是否，这只是生活中常见的麻烦和不愉快，原因就在于：

（1）遇到这种恶心的机会很少，没必要换个新马桶。

（2）厕所扔张纸，就能解决问题。

因此，这并不是痛点，不能让用户感到恐惧。但是，厕所臭，就是痛点。我们每天都要去厕所，用户会想办法让厕所不臭。所以，厕所防臭的产品，就有市场。

2. 寻找用户痛点，赋予产品灵魂

移动互联网时代，用户的价值不言而喻，只有具备用户思维，才可能做出爆款产品，才能在激烈的市场竞争中脱颖而出。事实证明，只要找到用户痛点，也就拿到了解决问题的钥匙。很多产品之所以能成功，就是因为很好地切入了用户痛点，并不断深化，提出一整套解决方案，用最方便、最简单的形式来为用户提供服务。

打造好产品的核心任务就在于找到用户痛点，那究竟应从哪里开始下手呢？

（1）深度了解用户需求。用户有很多需求，并不是表面上看起来那么笼统。比如，一家经营做洗衣服业务的店铺，若仅把目光锁定在“洗衣服”这个内容上，就会面临许多价值局限：小区里很多住户没时间将衣服送来，或由于担心拿取衣服的烦琐流程，懒得过来洗衣服。发现了这个深层次需求后，店家就开设了一个微信公众号，一方面介绍自己家的服务细节、洗衣优势；另一方面让用户一键预约洗衣，只要预约了，店家就会与合作的同城快递联系，派其前往客户处上门取衣、送衣，如此，就大大地简化了用户洗衣的流程。用户的深度需求被发掘，其黏性也大为增强。

（2）善于分类，不断细分。用户的痛点，一定要有精度，不能泛泛而论。

可以从产品自身的属性来入手，比如，空气净化器，侧重点是净化 pm2.5，还是甲醛？价格方面是走高端路线，还是用性价比作为撒手锏？使用这款空气净化器的目标人群，更多的是年轻人，还是老年人？购买之后的耗材，有没有很好的解决方案等。只有站在用户角度，重新审视产品属性，才可能找到痛点并精准切入。

比如，小米的空气净化器分为基本款和专业款，基本款侧重于净化 pm2.5；专业款在此基础上还能净化甲醛。两者的价格在同类产品中极具竞争优势，外观设计也独具一格，人们在使用时就会产生“物超所值”的念头，因而它能持续给用户带来惊喜；同时，它还可以通过手机方便地进行操作，使用情况对用户来说一目了然，何时可以更换、在什么地方购买等问题，也能通过一键查询或预约就能轻松搞定。因此，小米空气净化器也就成了同类产品中的销量冠军。这里，价格优势确实很重要，但并非决定性因素，其核心竞争力更多地来自于对用户痛点的精准分析。只要能够满足核心用户的需求，就有足够的竞争力，商家不要将精力过多地放在求全上，要更多地放在求精上。

（3）对已知的产品提出质疑。很多爆款产品的出现，是踩着传统产品的肩膀来实现的。比如，现在流行的一款保温杯，就是在质疑传统保温杯没有设计感、保温效果不好、带出去没面子等一系列问题，然后从多角度出发而打造的一款更好看、更有社交属性的保温杯，因而最终能够大卖。

智能电视机，就是通过质疑传统电视机只能观看电视频道、没有互动、无法拓展、没有温度等缺陷，提出自己的解决方案，将操作系统加装到电视机里，这时电视机不再是一块屏幕，而是一个娱乐交互中心，一家人可以重新围在电视机前。

直播类 App 为什么会这样火？因为传统的视频流媒体，互动度远远不够，即使是弹幕，表达形式也比较单一，针对互动频次、互动形式的质疑，实现了在手机上直播视频的表现方式，打造出很多爆款 App。

在正向寻找痛点受挫的时候，可以通过反向提问的方式，让现有产品的诸多缺陷变成机会。通常，用户对这些缺陷要么早已习惯，要么就只是抱怨几句，而商家需要做的，就是看到缺陷、给出解决方案，最终打造出产品。

（4）从用户主动性入手。有些人宁愿花钱，也要解决眼前的麻烦，实现目前市场上还不能充分满足的需求。比如外卖，在没有美团和饿了么的时候，这个痛点早已存在，为了填饱肚子，人们只能购买方便面或速冻食品，口味单一，还不方便。这时，用户因为时间成本而渴望的上门餐饮服务，就是一个刚性痛点，一旦解决了该痛点，就能挖掘出巨大的潜在价值，于是，各种外卖类 App 一时间风起云涌，呈现出一派欣欣向荣的景象。

需要注意的是，在寻找用户痛点的过程中，不仅要站在用户的角度思考问题，还不能流于表面，要从深度和精度上做文章，对用户的行为习惯进行分析，从已有产品的缺陷里找方案，才能赋予产品更高的价值，让用户和产品之间产生深层次的互动。

3. 回复评论常用话术

现在做直播营销的企业和商家有很多，要想做好，受欢迎，促成销量转化，就要掌握一定的技巧。下面就是一些直播营销中回复评论常用的话术。

问题1：……号宝贝试下？

分析：当用户提出试穿要求时，说明粉丝对该宝贝至少产生了兴趣，要耐心讲解。

话术：……(粉丝ID)小姐姐，先点正上方红色按钮关注主播，……(主播名字)马上给你试穿哦！

问题2：主播多高，多重？

分析：提出这种问题的粉丝，一般都不会留意背后的信息牌。

话术：主播身高……，体重……，穿……码，小姐姐也可以看下我身后的信息牌，有什么想看的衣服也可以留言。

问题3：身高……能穿吗？体重……能穿吗？

分析：直播中，遇到这类半句语病的问题，需要耐心引导。

话术：小姐姐要报具体的体重和身高哦，这样……(主播名字)才可以给你合理的建议哦。

问题4：主播怎么不理人？不回答我的问题？

分析：遇到这类情况，最好先安抚一下粉丝的情绪，否则会永远失去这个粉丝。

话术：……(粉丝ID)小姐姐，没有不理哦，如果我没有看到你，可以多刷几遍问题哈，不要生气，不要生气。

问题5：……号多少钱？这个宝贝怎么优惠？

分析：这种粉丝一般都比较懒，没有养成看直播印记的习惯，但已经表现出想购买的意思，要耐心解答。

话术：……号宝贝可以找客服报主播名字领取……元优惠券哦，优惠下来一共是……元，屏幕左右滑动也可以看到各个宝贝的优惠信息，喜欢这件衣服的赶快下单哦。

问题6：主播多大，几岁了？

分析：粉丝好奇心很重，但主播要保持一定的神秘和隐私，遇到不想回答或不好回答的问题，回答方式可以风趣一些。

话术：小姐姐可以猜猜看，猜对了给你糖吃哦。

问题7：……号跟……号比，哪个更好？

分析：女人都是纠结的动物，你应该明确告诉粉丝，哪个宝贝适合怎么样的人。然后，问这个粉丝她本身是怎么样的。最后，明确告诉她选择哪个？

话术：……号宝贝适合……（什么样）的人，另一个宝贝适合……（什么样）的人，小姐姐你可以告诉我下你是属于哪种类型的？

问题8：主播身上的衣服是几号？

分析：这种粉丝纯属没长眼睛，但还是需要保持耐心。

话术：……（主播名字）身上穿的是……号，每件衣服都会有对应的号码牌哦，屏幕左右滑动可以看到对应的优惠信息，下次一定要记住哦。

问题9：……产品有吗？（如：连衣裙有吗？）

分析：这种粉丝一般都比较懒，需要耐心引导。

话术：小姐姐可以点开左下角的购物袋，……号和……号都是连衣裙，小姐姐看中哪件都可以告诉我，……（主播名字）给你上身展示。

问题 10：有秒杀吗？有抽奖吗？

分析：这种粉丝一般都喜欢贪小便宜，但也是直播间的常客。

话术：小姐姐，今天我们的……号宝贝……产品在……点有秒杀哦，优惠……元，优惠力度超级大，记得到时候过来秒杀哈！先关注主播哦，我们每天都会有福利的。

问题 11：主播怎么购买，怎么领取淘宝直播优惠券？

分析：粉丝已经准备购买了，要亲自演示具体的方法操作。

话术：这个小姐姐，你跟着我一起操作哈，先……再……

四、邀请消费者深度参与，加固大众的品牌印象

直播，并不是一个单纯播放的过程，离不开消费者的深度参与。只有让消费者参与进来，才能赢得他们的好感，才能提高产品宣传的影响力。因此，为了给用户留下良好的品牌印象，就要重视用户的参与。

1. 用户参与感

前几年，伴随着小米的成功，“参与感”被奉为互联网思维的代表。书中提出的“参与感三三法则”，让无数互联网从业者对其加以模仿，以至于多数人在设计新的互联网营销玩法时，都会念叨上两句“应该开放参与节点”“要

少投广告，做口碑营销”。

然而，当我们提到“参与感”的时候，是否真的了解参与感呢？回忆一下你最近一次跟团旅游的场景，导游让你到了某个目的地之后进行购物，如果没有这项行为，单纯地去一下景点，也是提升了参与感（开放了一个景点的参与节点），但你为什么会感到很不爽呢？

这就涉及了“参与感，到底是什么”的问题。参与感指的是在商品或服务的生产或传递过程中，顾客必须提供相应的活动或资源，包括心理、时间、情感、行为等，才能顺利享受服务的感受。该概念的关键在于参与感意味着顾客从单纯的享受者变成了生产者。

参与感之所以越发重要，主要原因有两个：

（1）参与感可以提升用户的感知控制。心理学家做过一个实验：让被试者通过掷骰子来获取奖励，骰子点数越高，奖励价值越高。而掷骰子的方案有两种：

付出 2 美元的成本，可以自己掷骰子。

不用支付任何成本，别人帮忙掷骰子。

心理学家在不同的群体中都做了类似的实验，结果却惊人地相似：超过 80% 的人选择了 A 方案，愿意支付 2 美元自己掷骰子，即使两种方案的概率完全一样。

无数类似的实验结果证明：给予用户相应的控制感，会在一定程度上增加他们的满意度。而提供参与感，赋予消费者改变的权利，让消费者从单纯的享受者变成生产者，也就提升了消费者的控制感。

（2）竞争的同质化，让心理价值变得越发重要。随着市场激烈的竞争，品牌或产品之间的同质化越发严重。所以，如果产品能够提供的功能性价值无法和竞争对手产生差异化，那么其心理性价值就显得格外重要。而设计更具参与感的商业模式，就能在品牌和消费者之间建立起更多的情感链接，给消费者提供更多的心理性价值。

2. 吸引用户主动参与

用户参与活动，往往是由于偶然的机会发现了活动入口，带着试试看的心态进入活动页面并最终参与。如此，就打断了用户原有的操作流程，带有一定的偶然性和侵入性。那么，如何将这种偶然性转化为用户的主动参与，并让用户按商家的预期行为路径来操作呢？

（1）有效的活动形式。互联网时代，用户的注意力极其分散，每隔一段时间，各品牌就要做个活动出来刷下存在感，否则很可能被忘记。为了借势传播，传统节日、西方节日、不叫节日的节日，以及娱乐、时事热点等，都被拿来作为营销的切入点。而且，活动形式更是层出不穷。

①品牌推广类。此类活动形式有很多，重要的是活动创意，主要用于推广品牌形象，比如，比较火的支付宝结合“星际穿越”和“凡·高为什么自杀”的神级文案，通过大家熟知的人物、事件等讲故事，一步步将人引入，最后“顺理成章”地引出品牌。不论故事是真是假，都能逗读者会心一笑，达到

很好的传播效果。此类活动要有趣、好玩、酷炫，能给人带来惊喜，才能吸引用户主动参与并传播。

②回馈用户类活动。对于消费类产品，主要通过抽奖、打折促销、送红包等形式来刺激新老用户的活跃度，通过活动沉淀一些对产品营销有价值的用户。但是，此类活动不能太多，否则会抑制真正有消费意愿的忠实用户以及有潜在消费意愿的用户，时间长了，就会损坏品牌在用户心中的形象。

③公益活动主要是利用线上传播造势，收集内容，线下开展，比如，微信某公众号的“为盲胞读书”活动。

④社交平台的推广活动主要是利用好各个社交平台优势来开展活动，不需要额外地开发工作量。

（2）明确活动核心目的。做产品交互设计时，要分析产品需求背后的本质，还原需求的用户使用场景，理解需求甚至重构需求。但是，在实际的工作中是否会遇到某功能急着上线的情形？答案是会，只要产品经理列出详细的功能点，做成列表式，只要按照需求稿做，上线后也就没啥大问题。

以上的情形如果发生在活动设计中，继续这样做，情况就大不一样。比如，我们接到的需求有可能是这样：“世界杯到了，我们要做个活动，别家都在做，我们不做就 Low 了。”这时，一定要弄清楚活动的主要目的是什么，否则就可能会出现下面这个情况，既然做了活动，就得有衡量指标，于是，运营、产品、设计等聚在一起开讨论会：“我们会在域外推广，奖品能够吸引参与者，我们可以用拉新数，活动页 PV、UV 来衡量。”如此，就能知道另一个衡量指标——用户端新下载量。

最后，设计稿上的信息也许会琳琅满目，让用户找不到重点。更重要的是如何来衡量这个活动的成功、失败，是否能够达到预期？每个指标都有点波动，却都不能说明太多问题，这样的活动和结果，对于整个团队士气和信心会有着很大的影响。

（3）用户的参与路径规划。对于直播企业或商家来说，在充分理解运营需求及活动目的的基础上，就要知道用户参与的路径规划。

①单一路径。这类活动形式一般都比较简单，容易做出小而美且利于传播的活动，交互也相对简单；重在保持操作简洁，通过玩法、场景、视觉等处理，可以将用户充分带入；同时，任务流程不能太长，减少中途的跳出率。

②多条分支路径并存。对于有多条参与路径的活动，要在活动目的的基础上厘清不同模块的关系，是同时并重，还是主辅关系？设计上要采取不同的展示方式。

③跳出专题页参与活动。这类活动最难，活动页仅出于宣传的目的，用户需进到用户端或产品其他页面去参与活动，宣传页只要将事情讲清楚并发挥好引流的作用即可。

3. 刺激用户参与感

很多产品本身明明非常具有价值，但在跟用户“互动”的过程中，却表现出“一边热”的情况，这是产品最尴尬的遭遇。有了很明确的动机——拉新或活跃，如何能与用户产生真正的互动呢？换言之，如何通过给用户提供价值，让用户积极参与呢？

（1）重视用户的感觉。重视感是个老生常谈的话题，比如，小米就非常重视用户提出的意见和问题；问题被提出后，都会得到“已答复”和“已确认解决”等官方人员的回复，这就是用户重视感。想象一下，如果用户对一个产品提出了意见，很快便得到回复，用户就会觉得自己的意见不管有没有用、有没有被肯定的，都是肯定。重视感在于对对方的尊重和理解，并从细节做起。比如，你抛出一个问题却得不到回应，就会觉得很尴尬，受这种情绪的影响，参与度就会大打折扣，这时即使有人只回一句“不知道啊，可以找其他人问问看”，都会让互动更有延展性。

（2）利用用户的攀比心理。每个人都有攀比心理，这与人品无关，是人的一种天性。在有针对性的某个项目或事件方面，这种攀比心理会被放大，特别是在一个封闭的圈子里。例如，很多人同时玩一款游戏，会有名次的排列，如果你的名次是第一名，感觉就会超赞；如果是第二名，就会想着和第一名还差多少，我要超越他！如果是第N名，就会想着和第N-1名差多少……也就是说，在相对封闭的空间里，这种攀比心理会让一个人迅速与离其最近的那个人做出比较，并做出积极的回应。这种回应通常就是，我需要付出多少，才能超过他。

（3）给用户利益或好处。利益驱使包括两部分的内容：一个是物质或精神奖励；一个就是概率性事件。物质或精神奖励，比如，“扫码关注送××”，××既可以是物质，如电影票、玩偶、笔记本等；也可以是精神方面的，如吻、签名、拥抱等。概率性事件可以采取转盘抽奖等方式。抽奖，最好根据用户群体选择相应有吸引力的产品。比如，针对学生群体，奖品可以是玩偶、笔记本等；针对白领群体，奖品可以是靠垫、电影票和餐票等。

（4）制造稀缺感。这个方法通常在电商领域比较常见。比如，商家开展活动“前100名用户购买可以买二送一”“前10名用户购买免单”“前50名用户购买享受1元购”……类似的还有很多。可见，这里的稀缺感所传达的意思，就是限量。意思是，如果你不赶快抢，错过了时间，就没有这个福利了。通常，在产品库存非常充足的情况下，用户是不会积极行动的，总想“货比三家”，如果给了他“错过了这村就没这店了”的信号时，他们就会想提前得到它，这就是稀缺感。

（5）激发用户的好奇心。引发好奇心的前提是，即使本人没有魅力，一定要让文案引发产品的魅力，引发他人的好奇心。这时应该注意两点：不要随意跟风，有些方法可能适合别人用，但未必就适合你；要有独特的个性，不是发个模糊照片，别人就会点开来看。如果你个人没有魅力，你的产品是一般的产品，就要在文案上下功夫，用文案来点缀，把它打造成别具一格的产品。

（6）设置低门槛。很多活动设置的参与门槛都比较高，让原本有兴趣参加的用户望而却步。比如，用户关注公众号后，需要转发朋友圈，需要达到一定的赞量，还要从所有转发朋友圈的用户当中选出点赞最多的用户，才能得到相应的现金红包……参与的门槛这么高，相信看到的用户和伙伴们都会惊呆了，从而阻碍了用户参与的积极性。所以，要尽可能地降低活动门槛，让更多的用户参与进来。也就是说，要尽可能用简单的信息，让用户了解活动并参与活动，让他们在有兴趣的状态下，获得有价值的信息，更快地参与进来。

第七章

善借者赢天下，直播营销的借风腾云之道

一、借跨界之智慧，突破常规思维的限制

俗话说，独木难成林！同样，直播营销要想取得理想的效果，也要涉足不同的行业和领域，即跨界。要主动突破思维的限制，采取跨界的策略，打破常规，为我所用。

1. 何为跨界思维

不同的直播营销主题，差别并不是体现在出身和外貌，而是思维，是否拥有创新思维。而要做到有效的、颠覆性的创新，就需要在创新中采用截然不同的思维和做法，并不是简单地对细枝末节进行修补。要达到这个目的，就要具备跨界思维。比如，在与生活息息相关的支付领域中，“纸币→刷卡→移动支付”的这种变迁，就展示了跨界思维和打法的强大威力。

每种新的支付方式，都是新的跨界方式（纸币→卡片→手机）。尤其是在移动支付出现后，更是带来了颠覆性的变革。因为这种模式，既不需要纸币和取款机，也不需要银行卡和 POS 机，只要有手机就行。这种支付方式高效便捷、真正低碳环保，对直播营销产业链产生了深刻影响。

“互联网 +”下半场以来，不同领域间的跨界品牌合作已经越来越多。在碎片传播时代，只有使用正确的渠道，才能更精准地获取有效用户，最大限度

地提升品牌曝光，为企业赢得良好的用户口碑和市场转化。

近两年，美拍联合迪士尼、欧莱雅、美宝莲、网易、联合国等品牌，推出了不同类型的品牌跨界合作。借助美拍巨大的用户流量、浓厚的短视频社区氛围、超 7 成的女性用户和强大的话题制造力等优势，整合美拍 12 个短视频垂直频道，品牌和美拍以“直播 + 短视频 +N”的方式巧妙切入多领域品牌，创下了诸多“现象级”经典合作。

2. 跨界营销的本质

所谓跨界，指的是突破原有行业惯例和常规，嫁接其他行业的理念和技术，实现创新和突破的行为。可见，跨界的本质是创新，是实现巨大创新的方法。而且，跨界是手段的创新，是抓住本质的思维，有点类似于“不管黑猫白猫，抓住老鼠就是好猫”的思维。

其实，在英国著名的科幻小说作家亚瑟·查理斯·克拉克的“克拉克定律”当中，也有跨界的体现。克拉克定律指出，“一个德高望重的科学家前辈，如果他说某件事是可能的，那他几乎肯定是正确的；如果他说某件事是不可能的，那他非常可能是错误的；只有一个方法能够弄清什么是可能的，什么是不可能的，那就是：稍稍突破两者的分界线，进入不可能的领域”。

可见，跨界思维是一种突破性的思维，能够将“不可能”变成“可能”。在前面提到的支付领域的案例，就是在不断思考、不断突破“不可能”。

万圣节期间，欧莱雅联手中国视频与直播社区平台美拍，推出了万圣节活动，用户只要在美拍上晒出自己的万圣节妆容，就有机会获得欧莱雅礼盒。这个表面上看似简单的活动，为“万圣节”带动了6000多万次的视频播放量。

这场品牌活动的最大亮点，就在于其充分满足了用户的分享与社交欲望，让化妆品有了社交属性。而此前，多个美妆产品也和美拍进行了美妆大赛的活动，系列比赛的效果放大，加之“卡通妆”“蕾丝妆”等特色比赛的吸睛程度，放大了品牌的营销效果；同时，美拍用户积极地参与进来，为美拍带来了更多精彩的内容短视频。

欧莱雅与美拍频繁地进行品牌跨界合作，背后伴随的就是“颜值经济”用户群的流动。美丽产业有天然的分享属性，本质上是为了社交而存在的。正是因为这种方式迎合了用户的这一心理，欧莱雅与美拍每每联手都能创造很多经典案例，成为撬动用户流量的范本。

3. 落地实践、跨界融合

掌握了跨界意识，储备了跨界人才，把握了行业本质，如何成功跨界呢?

（1）将相近的领域和环节结合起来。如果过去某些学科、领域、环节是割裂的，就尝试将他们结合起来、融合起来，看看是否会发生化学反应——这就是跨界思维。

比如，在传统思维中，企业的“产品、研发、营销”三个环节和部门是割裂的，各部门都是“循序渐进、按部就班”，都是“各扫门前雪”。产品只负责做好设计、满足用户体验，技术只负责完成产品的研发，而营销只负责产品发布后的推广就好。

三个部门的人如果只局限于当前的职责，不仅很难做出突破，还会浪费很多潜在的资源。此时，就可以用跨界思维，把这些环节两两结合起来。比如，“用技术思维做营销”，即用技术手段实现产品增长，实现营销目标。

“用营销思维做产品、用产品思维做营销”，就是产品/营销自传播，让产品和营销活动自带传播力。微信红包，就是典型的产品与营销合二为一的成功案例。即使不用“增长黑客、自传播”体系化的跨界思维和打法，处理工作和生活中的每件具体的事情时，也可以运用跨界思维。

比如，有人用产品思维发传单，让传单这个再传统不过的营销手段焕发生机：转化率从常规的千分之几飙升为百分之二十。

有个不会做饭的互联网产品经理，用产品思维做早餐，很快就达到了“色香味俱佳，天天不重样”的水平，讨得了女友的欢心。

其实，苹果公司的成功，也体现了跨界思维。

在iMac、iPod、iPhone之前，IT产品体现的是工程师思维，产品只要能实用、稳定就行，不太重视美学和设计感等方面的内容。当乔布斯“站在科技与人文的十字路口”，第一次把人文精神、艺术品位引入到IT产品后，一切都变得大不一样了。时尚、易用的苹果产品，瞬间征服了全球各个国家和阶层的亿万用户。

（2）充分利用底层、普适的原理和技术。将诸如“心理学、互联网、大数据/人工智能”等底层的、普适的原理和技术，应用到当前的领域，就能实现跨界。

人类的所有行为都要受到大脑的指挥，只要有人存在的地方，心理学就能被充分利用起来。因此，无论是在产品、营销领域，还是在贸易、社会发展等领域，只要引入心理学的研究成果和原则，就能实现破局和突破。而这一点，总被多数人所忽视。

目前，人工智能是最火热的话题，而它背后的推手是深度学习技术。与人工智能的其他实现技术相比，深度学习最大的优势在于普适性。掌握了深度学习技术，要想解决语音识别、图像识别、自然语言处理等问题时，就不需要再开发诸多实现原理迥异的人工智能系统了。比如，谷歌、百度等公司，将深度学习技术应用到了搜索引擎、自动驾驶上，阿里巴巴已经在用人工智能技术代替设计师来做商品广告图片了。

同时，得益于计算能力的提升和海量数据的积累，人工智能的威力爆发出来。大数据、人工智能在社会治安领域，也取得了很好的跨界效果。除了大家熟知的“运用图像识别技术抓交通违章、抓通缉犯”外，还能发现更为隐蔽的违法犯罪行为。其实，就连深度学习本身，也是跨界的成果，是统计学、机器学习、人工神经网络等多个学科交叉、跨界的成果。

不可否认，当前的互联网思维、人工智能领域，出现了严重泡沫。但只要应用得当，也会对很多行业带来很大的变革，因为它是普适的、跨界的思维。

二、借优者之势头，占据市场一席之地

所谓借势营销就是，将销售的目的隐藏在营销活动中，将产品的推广融入到消费者喜闻乐见的环境里，使用户在这个环境中了解产品并接受产品。具体表现为，通过媒体争夺用户的眼球、借助用户传播力、依靠轻松娱乐的方式等，潜移默化地引导市场消费。因此，直播营销完全可以借助其他“势力”，提高传播力。

1. 借品牌

有效借助已有的知名品牌，可以快速提升自身品牌的知名度和影响力。比如，在奥运会期间的奥运营销，就是典型的代表。奥运会是人类历史上规模最大的体育盛会，受到了世界众人的关注。商界奇才尤伯罗斯创造性地将奥运和商业紧密结合在一起，使1984年的洛杉矶奥运会成为“第一次赚钱的奥运会”，从此奥运经济就成了众商家关注的焦点。

比如，在北京申奥活动中，可口可乐、通用汽车、喜力啤酒、农夫山泉、富士胶卷等公司都积极参与，不仅投入赞助费，还从公益、文化、热点等各角度采取了一系列营销活动。

2. 借渠道

在实施直播营销时，通畅的推广渠道非常关键。但是，并不是每个企业都有条件和能力建立自己的渠道。所以，有时，我们必须想办法借助别人的成熟渠道来进行推广。

在这方面做的比较好的，当属软件行业。比如，软件绑定。在用户安装某款小软件时，系统可能会推荐或提示用户安装一些相关软件。

3. 借势 KOL 的影响力

KOL 是在某一垂直领域具有一定话语权和影响力的“意见领袖”，他们又被称为“网络红人”，KOL 已经成为品牌进行广告宣传的常规选择，其打破了传统媒体比较直白的宣传手段，借用 KOL 在某群体中的影响力，以原生内容的营销方法来完成品牌的有效转化。

相比较来说，这种方式是目前为众多传统企业所普遍选择、运用的一种营销手段。在刷抖音时，我们不难发现来自汽车、服装、美妆、视频、数码 3C、食品等领域的品牌身影都会出现在不同 KOL 的作品中。

当然，在选择网络红人进行广告投放时，有两个问题是需要注意的：

（1）找到合适的 KOL，才能为广告主带来传播效果和带货力。选择 KOL，要做好充分的调研和评估，综合考虑网络红人的商业价值。选择的时候要关注他们的调性、气质、用户重合度等，这些必须跟产品理念相匹配。

（2）在内容上，提供合适的创意空间。减少传统媒体中直白式的广告宣传形式，将产品与网络红人的特点、视频的风格特性完美地融合在一起，消除用户对广告的反感，在潜移默化中收获用户对品牌的认知度和好感度。

三、借科技之力量，颠覆旧品牌的刻板印象

如今科学技术已经发生了日新月异的变化，将新技术合理地利用在直播营销中，不仅能提高宣传效果，还能节省人量的时间和投入，一举多得！

1. 借科技之力，行营销之法

案例1：

情人节期间，可口可乐曾推出过一款浪漫的广告营销：

路边，摆放着一个虐单身狗千百遍的高级隐形贩卖机。在漆黑的夜晚，路上走过一个又一个孤独的单身路人，一对情侣走过后，隐形的自动贩卖机突然亮起，加放了一段巨型浪漫广告“open hAppiness”。情侣报出各自的姓名，立刻就得到一份饮料，而且看到这饮料的瓶身上刻印着情侣的名字，这对情侣

在这里收获了一份独一无二的饮料与喜悦……

案例2：

必胜客的神奇点餐：消费者坐在一张看似普通的桌子周围，不用服务员，就能自行通过桌面点餐，选择搭配比萨的配料和用量，完成私人定制。等餐的时候，还可以在桌面上选择一个游戏选项，一边游戏，一边等餐。

分析：

第一个例子高调浪漫，满满的都是用户的惊喜与幸福感。第二个例子低调、温暖又实用，只是不知道什么时候能普及。这些企业为什么要用高科技？因为我们身处互联网时代，特定的时代告诉我们，只要能够将用户的眼球吸引过来，任何广告都会获得人们的普遍认可，都有着极正面的宣传能量。

2. 无移动，不营销

现在，企业做营销，不在移动端、社交端露个面，估计都不好意思说自己是在做营销了，因为移动端的流量在很早之前就超过了个人电脑的流量。此外，跟个人电脑端相比，移动端最大的区别就是，它距离消费场景更近，更受广告主们的认可。

直播营销时代，巨头都瞄准了这块蛋糕，其他企业也就不能缺席了。但坦白地说，移动端的营销案例很多，但能带来真金白银回报的还不多。只不过虽然少，但还是有的。如今，已经有越来越多的企业把移动终端策略纳入到他们数字营销的方方面面：全方位的响应式网站、移动终端广告、专为移动网站用户提供的不同内容。企业要意识到采取移动版社交媒体战略的必要性，思考移动终端用户的消费模式以及与社交媒体推送内容进行互动的方式。

3. 线上线下联动，引发全民互动

如何才能更好地借助做直播的影响力，引发一场全民式的互动呢？很多品牌都选择了放下“身段”，在直播平台上发起以“流量大咖示范 + 圈层达人渗透 + 素人领袖自发扩散”为模式的主题活动，用一种接地气的方式“和年轻的消费者玩在一起”，让他们真正参与到品牌营销活动中，建立起与品牌之间的情感链接。

比如，在海尔兄弟动画片的片尾曲《雷欧之歌》里，有一段动感十足的“雷欧舞”，受到众多用户的喜爱，海尔趁势与快手达成合作，推出了海尔兄弟雷欧舞挑战赛。活动期间，不仅有高粉账号参与，比如“一禅小和尚”“僵小鱼”等。大量用户还自发地上传了百万个海尔兄弟的相关视频，这些视频的总播放量高达 1.3 亿次，热度一时居高不下。

同时，在线上活动期间，海尔还提供了丰富的线下传播渠道。在数千家

线下专卖店的电视大屏上，滚动播放着快手的线上活动视频；日日顺乐家还提供了数万个智能快递柜的轮播快手活动。

线上线下的联动，进一步扩大了品牌传播的效果。

四、借主播之魅力，让品牌走上巅峰之路

主播，是直播营销不可或缺的重要组成。甚至可以说，没有主播，就没有直播营销。因此，要主动跟主播借力，使其主动利用自身的优势，为品牌增加魅力。

1. 网红的影响力有多大

作为新兴自媒体资源的网红，拥有自带人气和流量的先天优势，这也让网红成了仅次于明星的“品牌宣传宠儿”。

2017年4月中旬，美宝莲纽约举行了新品发布会，在发布会上，出现了50位美妆界网红的身影。

6月24日，阿里聚划算联合B站网红主播进行“我就是爱妆”cosplay直播，在直播过程中还利用赠品活动与观众产生了互动，达到了最佳的营销效果。

网红在直播过程中的号召力到底有多大？数据显示，在欧莱雅、美宝莲的新品发布会上，利用网红直播的模式，当天其天猫旗舰店新品的销售量就过万，并创下直播时累计共311万人的总观看人数纪录，直播结束4小时后，同款色系的新品唇膏在旗舰店销售一空。

这些成功的营销案例，让各大品牌意识到了直播营销的魔力。不过，虽然直播营销的热潮如此高涨，也有很多商家都对网红营销持感兴趣的态度，但真正落地去执行的公司却非常少。主要原因有二：一个是公司无法找到合适的网红资源，一个是公司拿不出合理的广告活动策划方案。

2. 电商直播如何招募主播

电商直播招募主播必须从多方面考虑：

首先，电商直播有很多分类，比如服装、美妆等。商家可以根据商品特征招募相应的主播，比如，招募服装主播时，要看主播的身材比例、穿上衣服是否好看、是否符合大众审美；招募美妆主播时，要看其化妆技术好不好、脸形如何、皮肤好不好等。不同的商品需要不同的主播，有些主播可以用自己的特色来吸引客户，但是做得不好时，主播也会引起客户反感。

其次，在语言方面，主播要说标准的普通话，这样更能够获得粉丝的好感。

主播都从哪里可以招募到呢？一般来说，招募主播有几个途径：一个是在各大网络平台发出招聘信息；一个是由线下朋友介绍。后者往往更靠谱，朋友介绍的可靠人选，不仅不用太担心合作问题，而且因为更了解你的需求，所推荐的主播也更能满足要求。

3. 借势网红，提高直播营销力

从 2015 年到如今，直播平台如雨后春笋般涌出，各路网红更如过江之鲫，上演着“你方唱罢我登场”的连台好戏，直播平台间的“血战”一触即发。

（1）网红全面产业化，受众以年轻人为主。据某媒体数据显示，“网红”正成为一个产业。当前“网红”的竞争主要集中在颜值、内容、团队和制作能力等 4 个方面，视频、直播和电商则是网红经济发展的 3 大趋势。数据显示，在 3.6 万个网红账号中，女性占到 74%，87.8% 的“网红”年龄处于 17—33 岁之间，89% 的网红接受过高等教育。“网红”的粉丝中，以男性居多，其占比达 57.8%。数据还显示，网红的分布与经济发展水平存在密切关系，北京、上海、广东、江苏和浙江是网红分布最多的五个地区。

（2）网红就是一门生意，大佬、资本纷纷入局。网红是“网络红人”的简称，开始时他们基本存在于网络生态的下层，多数是网店店主，而且大多是锥子脸、大眼睛，每天发着经过修饰的美照。直播之火一夜间燃爆了中国互联网，嗅觉灵敏的 IT 大佬和商业领袖当然也不会轻易放过，他们也纷纷抢过直播间的麦克风，并和粉丝互动，加入到这个战场中。

（3）品牌方如何借势网红。网红虽多，但并非人人皆优质有效的网红，对于品牌方而言，该如何借势网红达到优质的营销效果呢？

①塑造网红。将自己塑造成为“网红”，虽然不能大红大紫，但是利用当红的工具和手段，加上有特色的元素，就可以产生销量、引发话题。同时，在

直播间中销售产品的场景，能更容易获得粉丝互动；再加上一定的运作，日积月累下来，也能小有名气，提升产品销量。

②采用直播。企业在直播营销中发布新品很常见，但要考虑不同领域网红的参与，且可以通过网红设置各种游戏互动，把发布的新品作为奖品奖励给互动网友，这样能让粉丝用户对新品的接受更自然，从而留下较好的品牌印象。若企业领导人敢于做主播，敢于为自己代言，就更容易引发话题，提高新品的传播效果。

第八章

遵循正能量传播原则，打造可持续的直播营销

一、打造可持续营销，延长企业的品牌寿命

要想取得理想的营销效果，仅靠一次营销，远远不够，还需要进行持续的营销，且不能间断，最终目标就是延长品牌的影响力。

1. 什么是可持续营销

比如，在十年前，“双 11”是一个很小的促销活动，如今却是全球最大的全民参与的购物狂欢节，这就是可持续生长的力量。

再如，多年前跑步是一个小众行为，以耐克为首的几大运动品牌，持续倡导跑步运动和文化，并推出跑鞋及其他跑步装备，现在跑步已经成为一项全民运动。

互联网环境让可持续营销变得更加容易，很多互联网品牌都在打造可持续营销产品，包括“双 11”、“618”、年货节等。互联网还具有随时可查、可以沉淀和累计的优势，因此，品牌在长期沟通一个洞察时，不必每次都从头说起，可以叠加生长。

另一个原因是，互联网的传播平台越来越多，内容越来越碎片化，用户注意力越来越分散，如果面对的是一个新东西，用户就会思考：是否要打开看看，还是干点别的？但如果是一个有预期的内容，用户就会理性地决定要不要打开。

可持续的营销内容，是在积累用户的认知和预期，比全新的内容更有认

知度。所以，内容营销的可持续性，将是未来互联网营销的重要趋势。不管是传统品牌，还是互联网新兴品牌，都需要打造营销内容的可持续性。用一个可持续的内容来跟目标受众进行长期沟通，这样就能支撑和建立品牌的调性与价值观。

可持续营销的另一个特点是，能够生长，能够不断累积叠加，扩大规模。只要某个内容具备扩张性，就会产生无限可能：从一个消费者洞察，发展到一个单点创意，再到一个营销活动，再到一个可持续的营销活动，然后到一个大型可持续的营销活动，最终成为独立品牌。

2. 可持续营销的品牌化升级

如何才能从市场部的营销行为，实现业务上的改变，孵化出一个新品牌？首先要经过一系列实验，得到几次大活动的消费增长数据，以及消费者的反馈，洞察到深度的消费需求变化。基于这些洞察，来确定业务的推进方向。

当然，要想创造一个新的可持续品牌内容，还要从下面几方面入手：

（1）升级品牌形象。不论是品牌名字、LOGO，还是整体调性和定位，都需要全新的形象创意。这是一个大胆而冒进的行为，这种品牌形象的更新升级，需要经历一个过渡阶段，比如，卓越网到亚马逊中国，中间就使用了很多年的卓越亚马逊。要想实现品牌形象的升级，需要坚定与自信，这种坚定与自信也来源于业务上的变革。

（2）品牌升级的曝光。曝光方式一般就是召开发布会，推出全新品牌形象片，达成品效合一的双赢。

（3）业务模式的升级。从消费者的体验角度，应该能够获得全新的体验。

3. 搭建可持续的营销体系

如今的多数市场职能，依然在做传统工业时代传统品牌在做的事情，在当下的环境，这些套路已经发挥不出多大的效力。在商业社会，品牌营销本该成为其最重要的组成部分，发挥不可替代的作用。

做可持续的营销，就要像运营一个品牌一样做营销。比如，某线上平台的线下活动，可以举办一个全部由用户参与和组成的线下派对，先做小型的电音派对，然后做大型的线下青年现场，之后再发展……把用户拉到线下被看见，最后成为一个独立的品牌：可能成为大型音乐节，可能创造某种全新内容的线下现场。

比如，米其林轮胎。为了推销轮胎而做了一个餐厅推荐的小册子，发给司机参考，结果成就了今天的米其林餐厅，使其成为全球知名品牌。那个小册子，最终孵化成全球知名品牌。

在直播营销中，培养一条可持续做的营销线，使该线具备商业价值与商业潜力，能够支撑住品牌的长期发展，持续不断地去做，终有一天它会成长为庞然大物，大到你自己可能也会被吓一跳。

采用这种模式，可以搭建起一个完整的直播营销体系。在某个品牌下，有1—3个可持续做的品牌内容，然后再培养和试错几个小内容，能发展起来最好，做不起来就随时砍掉，最后再加上一些日常辅助的其他品牌。如此，过去的那些广告、活动、事件、社交、跨界等就都能围绕这些可持续运营的品牌内容进行。

二、规避直播中的雷区，降低企业营销的伦理风险

在直播营销的过程中，不仅要遵守既有的规则，还要提高警惕，努力规避各种雷区。因为，一旦踏入，就会粉身碎骨！

1. 直播中的雷区

（1）平台“雷区”千万别踩！只要开通了平台直播的权限，就可以来直播你的内容了。但是，不管是哪个直播平台，下面这些信息绝不能发：

①主播不要通过小号在直播的讨论区发送自己的微信、电话等信息，一经发现，平台会立即将其“踢下线”，并扣除相应的浮现分数。但是，主播可以将直播间链接、店铺链接、商品链接等发布到社交平台。

②不允许以任何形式在直播或视频中宣导平台的账号信息，比如，第三方 App 的账号信息等，一经发现，平台就会立刻将其“踢下线”，并扣除相应的浮现分数。

③无论是图文、视频，还是直播，都不要出现微信账号的信息，一经发现，平台将会立即冻结其发布内容的权限，还要扣除相应的浮现分数。

④所有发布和直播的内容都要杜绝黄、赌、毒等内容，一经发现，平台

将立即进行封号处理，并保留追究责任的权利。

（2）直播流量权重由算法驱动。目前，在多数平台，直播流量都是由算法驱动的，也有由金钱驱动的。各直播运营品牌都在想办法研究直播间的流量算法规律。

开始的时候，可能通过拉直播时长来提高直播间权重。只要主播够努力，能够长时间地直播，就可以获得更多的流量分配。但后来，规则上开始变为考核直播间转粉率，即每场直播能够新增的粉丝 / 直播间观看、人均平均观看时长等数据，众多前期靠拉时长获得流量的直播间在这个时期纷纷倒下。

当然，这里还涉及一个新主播都绕不开的难题——浮现权。没有浮现权的主播和直播间，获取流量时就会处于劣势。

（3）传统电商的产品体系在红豆角行不通。有些商家进入红豆角进行试水，结果突然发现水土不服，为什么？除了主播的因素，还有无法适应平台的用户因素。

直播时，用户对产品的要求特别高，低价低质的产品在直播平台根本就没有生存空间。产品品质好，价格才能提高，用户也会更加重视这样的直播。然而，对于优质高价的产品也要注意，虽然在电商图文详情页中，可以对优质产品的优点进行详细讲解，但是在直播中，这种产品反而没有太大的销售优势，用户要的是实实在在的优惠，即使是套路价，例如原价 99 元，现价 9 块 9 等，他们也可能会更感兴趣。

因此，在直播间，要想让用户快速下单，就是要让用户感到实惠和便宜。其实，直播卖货，只有让用户感受到“物超所值”，才能最终成交。而在客单价较高的产品直播环境下，想要形成批量成交，就要从源头把价格打下来。

2. 做直播六“不要”

直播作为一个新兴的推广营销渠道，给店铺带来了众多流量和权重占比，是一块人人都垂涎的香饽饽。有些平台的主播在一段时间内会很吃香，甚至隐隐有盖过店铺的风头。但是，即使直播的路再宽，也得走到平台的框架里，因为框架外面就是一个又一个的雷区，一不小心，就会导致自己的直播间被降权，甚至是被封号处理。

比较常见的几个框架外的雷区列举如下：

（1）轻易换人。如今的直播已经不像从前，除了网红可以进行直播，零粉丝的店主也可以亲自上阵来直播。虽然直播的门槛低了许多，但也不能随意糊弄，比如，淘宝直播的基本要求就是，谁的账号就由谁来直播（店铺账号除外）。例如，账号的主人是张三，李四却在直播间做直播，这种情况一旦被抓住，基本上都会被封号。所以，如果你是直播机构或团队，主播一旦离开，账号就不能继续开播了，必须重新申请。

（2）总是空播。空播，顾名思义，就是直播开着但是没有主播在直播的情况。此类卖家基本上都会准备一块写字板或产品放在镜头正中，做无声的宣传。如果多次因这种情况被处罚，就会被直接封号，或关小黑屋，这种情况下，基本上其浮现权也就没有了。因为现在的浮现权是小二干预的，得罪了他，自然就不能轻松继续直播了。

（3）二维码使用不当。在直播间里，不管是画面，还是语音或其他形式，都不能出现QQ、手机号、包含淘系在内的二维码等联系方式，这一点处理得也比较严格。所以，一定不能将店铺的二维码放到直播间，否则离封号也就不远了。

（4）不注意环境。这一点虽然不是硬性要求，但也要多注意。在灯光昏暗、物品摆放脏乱、嘈杂声太大的环境中做直播，短期来说，不会出现问题；长期如此，就会被降权，毕竟直播平台也不想被别人认为其推出来的商家都是这种货色。

（5）主播的行为不当。一场直播，最关键的是主播本身。作为一个对公的平台，肯定会对主播的穿衣打扮提出要求，比如，穿着得体，行为规范，传递正能量等。如果主播在直播中出现这样的场景：谈论敏感的政治话题，穿着暴露，语言露骨，抽烟酗酒，播放宣传片等，都会被封号。这一点规则，在所有正规的直播平台都是一样的。

（6）时长。有的主播或店主就是“佛性直播”——主播只顾着玩手机干自己的活儿，不会跟观众互动交流。记住，如果你在直播过程中离开镜头超过10分钟，或直播时长太短、上架宝贝太少等，也会被平台降权。

3. 直播卖货的“套路”

（1）打造个人IP，形成强大的粉丝黏性，为变现打下基础。直播只是一种营销方式，没有优质的内容，就无法吸引消费者，自然也就无人愿意买单。虽然直播能够推动消费者的冲动性消费，但是消费者绝不会因为你做了直播就随意购物。所以，只有打造个人强IP，才能聚集粉丝，形成自己的流量池。

一句话，没有粉丝黏性就没有转化。

做内容变现之前，要考虑清楚自己的 IP 定位，比如，李佳琦的定位是“口红一哥”；薇娅 2019 年的 IP 定位是“全球好物推荐官”。那么，你的定位是什么呢？需要你想好并持续去做。

（2）找到供应链优势，完善直播间的电商化运作流程体系，为内容变现提供产品支撑。对于直播卖货来讲，流量不重要，成交才重要！举个例子，你销售的产品是衣服，却天天直播弹吉他唱歌，即使流量再大，又有什么用？主播如果想要卖货，首先要积累自己的供应链优势，打造出属于自己的特色店铺。

近年来，在直播的带动下，广州、杭州等多地的服装厂商、美妆源头等大品牌企业都建立了直播产业链，纷纷邀请网红主播到生产基地挂牌直播卖货，或低价进货给主播进行直播带动销量。同时，品牌商还可以提供店铺装修和直播间优化服务，配备运营人员，解决仓储、物流、售后等问题。

可见，要想提高直播营销的效果，首先就要有足够多的粉丝；其次要形成适合自己的供应链，建立起自己的特色店铺，最后才能成功完成直播变现。

（3）不断学习，更新自己的直播知识体系。直播看着简单，做起来其实并不容易，并不是只要有网、有手机就可以，直播的门道还有很多。来看看这些在直播中会出现的问题：

如何介绍产品？

如何跟粉丝互动？

如何调动粉丝的参与热情？

如何促成交易？

如何以直播为入口搭建社群？

……

这些问题的答案中都包含着众多门道，且这些问题还会随着时间的推移而改变。只有掌握了关于直播的门道，才能得到成长，有所收获。此外，不要盲目跟风。看到别人直播某个产品获得了成功，你就跟着做什么，这种模仿式的直播都是表面现象，没有得到直播营销的本质精髓，无法取得长久成功。

作为目前最火热的社交引流方式，直播为无数商家带来了商机，在竞争激烈的直播行业中，摸清“雷区”与学会“套路”，就能为主播穿上一件保护甲。

三、定期开展公益类直播营销，展现企业的社会责任感

优秀企业都热衷于公益事业，而用户往往也更加认可乐于做公益事业的企业及其品牌。因此，要想在用户心中留下好印象，就要主动承担社会责任，努力开展一些公益类直播营销。

1. 直播行业的公益先驱者——斗鱼直播平台

网络直播的飞速发展，引发了年轻人的关注，直播行业也越来越被市场

所认可。顶尖的主播一般都有上百万数千万的粉丝，他们造成的影响力丝毫不逊于一线明星。面对直播行业不断发展带来的一些不太规范的现象，斗鱼直播平台积极引导，正面宣传，收获了网友的认可。

作为直播行业的顶尖直播平台，斗鱼直播平台在直播行业的影响力不言而喻，在无数网民以及政策的号召下，斗鱼直播平台高度重视正能量直播的宣传，整合了平台大量的优质资源来进行宣传，收获斐然，全网触及超过14亿次！

斗鱼直播平台通过自身的影响力，在社会价值层面赋能全行业和直播用户，宣传并引导正能量，取得了理想的传播效果。

斗鱼直播平台是一个影响力颇深的直播平台，其将正能量传递给更多的年轻人，实现了群体优势最大化。

如今，越来越多的直播平台都开始关注直播行业的公益发展，斗鱼直播平台的主播公益团也在不断努力实践，开创新颖的直播新模式，力图成为直播行业的公益先驱。

2. 直播平台是为公益的常规阵地

“我要上学”，并不是映客第一次参与到公益活动中。

一直以来，映客都希望通过直播改变各行各业，包括公益。“小映帮我”是映客与外部慈善机构合作的公益核心品牌，映客携手主持人马可做了一个公益活动，帮助邵阳猪血丸子爷爷筹集到孙子治病的医疗费；韩红在映客直播筹集善款捐建音乐教室，为有音乐梦想的弱势青少年提供资助。映客还开展了“小映助学”活动，邀请明星在映客开直播，而收益映票，由明星认捐一部分，映客配捐一部分。

映客的理想是，借助直播在信息传播上的实时性、真实性和互动性优势，解决互联网公益面临的问题，比如，信息不透明导致的诈捐，直播的信息透明性让用户告别了盲捐。当然，要想做到这一点，仅凭直播还远远不够。互联网公益去中心化的风险巨大，映客与央广 MusicRadio 音乐之声合作，或组织明星做公益，映客作为平台方深度参与，比主播自发做公益的方式更值得信赖；同时，在整个过程中，映客也没有通过此项活动牟利，自己也会捐赠，还会向公益活动提供“全额提现”。

任何平台，只要有影响力，就能产生公益价值。微博影响力壮大之后出现的“一元午餐”等公益活动，已经成为主流媒体直播的重要公益阵地。跟过去那些互联网新媒体来说，直播最能凝聚注意力，传播能力也更强，影响力更大。如果能引入自带注意力和传播力的明星参与，将会引发更大的关注，进而让更多人关注和参与到公益事业中，比如，在“我要上学”“小映助学”等活动中，映客就利用其明星资源，让明星参与到了公益中。

对于公益来说，直播还有一个价值，那就是互动性。主播可以通过探访直播、访谈直播、才艺表演等方式，让观众更加了解需要被帮助的人，通过点赞等方式参与到公益活动中，形成“有钱的出钱，没钱的捧场”的公益氛围，生动诠释了公益“重在参与”的理念。

如今，直播已经拥有数亿用户。庞大的用户规模，再加上传播能力和互动能力，必然会成为公益的主要阵地。相信，更多直播平台会参与到公益活动中，并带来更多新玩法。

3. 直播公益不仅仅是关注弱势群体

说到公益，很多人都会立刻想到白血病人、贫困儿童等弱势群体。说到慈善，人们总会想到突发灾难。

目前，很多中国企业依然将做公益与特定场景下的捐款画上等号。每次突发事件比如地震之后，互联网企业都十分踊跃，捐款的捐款，做寻人平台的做寻人平台，可是热度过后，少了聚光灯之后，一些企业就不做公益了。其实，真正有社会责任感的直播平台都会考虑常态化、可持续的公益行动。

企业为什么要做公益？相信多数人会这样回答："做良好的企业公民、承担企业社会责任！"势利点的答案则是，提高知名度、树立良好社会形象、改善政府和股东关系，以及开拓市场获取营销回报。

企业社会责任一共有两类：一类是反应型的，一类是战略型的。反应型企业社会责任更重视解决问题，例如震后捐赠救灾、损害环境后的修复。战略型社会责任则会寻找能为企业和社会创造共享价值的机会。比较起来，后者的公益更有价值，更加持续长久。因为它们不是为了某个事件而做公益，不是从自身、从合作伙伴等利益角度出发去做公益，而是从社会整体价值、企业与社会和谐共处、共同繁荣的思维去做公益。

具体来讲：

（1）反应型企业。解决的是社会紧急问题，比如，自然灾害、残疾人问题、艾滋病等重大疾病，这些都是社会的紧急问题。

（2）战略型企业。会想方设法解决与切身利益并没有多大直接关联的社会问题，或者根本不是问题，只需要有人去尝试而已。比如，信息鸿沟问题、社会就业问题、最后一公里问题、人类书写功能退化问题，或鼓励人们爱运动、鼓励网民放下手机面对面的“慢公益”等。

这两种社会责任都需要企业承担，直播平台作为新兴媒体可以承担更多。比如，映客就认为，互联网时代，生活节奏加快，人与人之间越发生疏，映客希望利用直播突破空间的信息连接能力，拉近人心的距离。

映客作为直播创业平台，为所有积极的、健康的、催人奋进的、给人力量的、充满希望的人和事提供了广阔的展现空间，并且帮助优质内容变现，发现和扶持优秀直播，营造正能量的直播环境。这种看上去不是公益的行为，同样是一种公益，与帮助弱势群体、保护地球环境一样，都是在为了让世界变得更好，对你我都有益。

4. 直播消费扶贫要形成常态化

据农业农村部乡村产业发展司印发《2020 年乡村产业工作要点》部署要求，2020 年，认定第十批“一村一品”示范村镇；优化特色产业布局，建设一批产值超 100 亿元的特色产业集群，打造一批产值超 50 亿元的特色产业强县、超 10 亿元的特色产业强镇、超 1 亿元的特色产业强村。形成“一村一品”“一镇一特”“一县一业”“一省一业”发展格局。

益企播平台进村入户，一村一品项目，响应农业农村部发展规划司《2020 年乡村产业工作要点》中，要求深入推进信息进村入户，实施“互联网 +”农产品出村进城工程纲要。将农村电子商务作为精准扶贫的重要载体，推动实施电商扶贫工程，积极培育市场主体，不断提升贫困户运用电子商务创业增收的能力。让农产品通过互联网走出乡村，助力农村、农业发展和农牧民增收脱贫。益企播通过企业社会责任品牌机制，在乡村品牌建设中体现精准，在授人以渔的扶贫中体现常态，通过承担更多的社会责任，建设多元公益生态圈，推动乡村脱贫致富进程。在“互联网+”农产品出村进城新模式尝试中重点开发当地特色产业，通过网络直播推荐销售模式，打造当地产业第一品牌形象，孵化当地网红主播，培育当地脱贫致富领头人。其次，益企播 App 通过手机和微信实施精准对接，通过微信小程序端口实现个人微信私域流量粉丝共享、平台商品供应链资源共享，打破地域限制、资源限制、流量限制三大关口，实现资源互通，产品多元。未来该平台还会借助互联网的信息手段，评估策划实施平台的各项扶贫公益推广，树立良好的社会公众形象，持续打造“互联网+精准扶贫”的新模式，形成良好循环，打造多元公益生态圈，用有温度的产品改变人们的生活，用直播的力量让生活更美好，让更多扶贫实践传播社会正能量。目前，益企播在全国各区、县筹备成立了益企播网红直播基地、益企播网红孵化基地、益企播一村一品展示中心、益企播服务中心等地区战略落地基地，坚持“系统性、功能性、专业性”三大原则赋能乡村产业品牌建设。以短视频介绍扶贫产品、直播进行扶贫带货、向贫困地区居民传授致富经验、平台培训返乡创业的“乡村带头人”，大力扶持当地退伍军人再就业，毕业大学生自主创业的公益事业，促进区域经济发展。一村一品项目案例将会贯彻“移动互联网+精准扶贫”的新模式，以短视频、直播作为乡村扶贫的信息普惠工具，推动社交电商，赋能乡村贫民，实现“造血式扶贫”。积极推动当地扶贫工作建设，树立地区农产品牌，益企播服务中心也将带动当地群众脱贫致富，促进失业人员再就业。

四、以身作则，构建良性健康的直播生态圈

直播营销，并不是孤立存在的，也有自己的生态圈。而商家的一大任务就是，以身作则，搭建健康的直播生态圈。

1. 从斗鱼看直播生态圈

2017 年 7 月 15 日，斗鱼在上海锦江乐园进行了为期 3 天的嘉年华活动，斗鱼平台上大牌主播都在现场跟观众进行了互动，微笑两大 LOL 王牌主播在现场，与观众一起举行了 SOLO 赛；单车 DC、820 宝哥等超级主播还在现场进行了 DOTA2 死亡竞技，阿科、叶子、339 领衔场内寻宝，冯提莫歌友会，斗鱼综艺《花漾大爬梯》发布会……一系列的活动都贯穿整个斗鱼嘉年华。

本次嘉年华的活动涉及电竞、音乐、影视、科技、户外、二次元、体育等众多领域。这份小小的节目单，反映了斗鱼平台泛娱乐化发展所取得的成效。

这一系列节目的打造，正是平台精品化内容产出的表现，它不仅满足了平台上众多用户对内容的需求，还为平台上主播的成长创造了更多机遇。

一旦越来越多的优质内容产出，更多的主播就能获得展示自我的机会，整个平台上的用户资源流动性也会更加合理平均。平台需要用户，用户需要优质内容，只有平台、主播和用户之间真正做到良性循环，整个平台才能得到可持续发展。

本次斗鱼嘉年华，素有“中国迪士尼”之称的奥飞娱乐、微软 Xbox、网易、盛大、游族、心动等游戏动漫大厂也被邀请入驻。从另一个角度来看，这也是行业内资源的一次整合。斗鱼平台是整条产业链的中游，用户量庞大，本次嘉年华成功吸引了产业链上游众多厂商的入驻，打通了产业链的上下游，让他们的产品通过斗鱼平台得到了传播，实现了多方共赢。

在整个直播产业链中，最为核心的就是用户，对于上游的厂商来说，如果自身没有能让用户积累的平台，要想导入新产品，就要基于拥有庞大用户量的直播平台进行传播。此外，在赛事推广、服务上，直播平台也保证了赛事的最大曝光度和品牌价值。

当然，不管是赛事，还是游戏厂商新的游戏产品，在整条产业链中，直播平台都是整条产业链中重要的一环。斗鱼嘉年华的举办，一方面是斗鱼以精品化内容为依托，在泛娱乐多样性全面发展的情况下硬实力的展示；另一方面也是业内资源的整合，打通了整条产业链。

2. 直播营销生态圈是如何炼成的

济南万科龙湖城市之光与济南乐居打造了一场主题为“城市之光颜值换

房值”的全民直播赛，活动通过直播点赞排行的形式来决定选房资格和选房顺序，最终实现了购房者、开发商和直播平台的三赢局面。数据显示，两周时间内，针对开发商预设的主题，潜在用户发起有效直播 1681 场，实现有效点赞量 282 万个，累计观看 1589.9 万人次！与之相伴的，还有开发项目成倍增长的到访和来电。

任何事件的成功都离不开天时、地利和人和三要素，当所有的要素聚集到一起，成功也就水到渠成了。重新复盘此次活动，背后的逻辑清晰可见。

首先，济南当时的市场情况与万科品牌产品是成功的“天时”条件。在济南，购房需求量远大于市场供应量，市场存在巨大的购房需求，万科龙湖城市之光在位置、价格、品牌等方面均有极强的竞争力与关注度，具备天然优势；而传播平台的影响号召力与传播工具所提供的传播形式这是“地利”优势。

乐居是国内首个进军房产直播、开发专业房产直播 App 的平台，在房产直播领域有着丰富的经验与积累，而首播 App 的无门槛直播形式则为裂变式的传播提供了可能。借助平台技术的支持，“人人参与、人人传播”就会变成现实，平台为每个个体赋能。

在平台、直播工作及天时条件完全具备的情况下，直播主题的确定与直播奖励的刺激彻底引燃了购房者的激情，“人和”便是数以千计的参与和千万次的传播。购房者的参与为平台带来巨大流量，最终形成了“颜值换房值”的爆点事件。

这个活动成功地调动了每一位潜在购房者的朋友圈，将项目宣传植入到内容中，用低成本投入，就能促成大面积关注，从营销事件形成新闻事件，真正实现事半功倍的效果。从某种程度上来说，这样的传播和营销模式就构成了一个良性生态圈，开发商与购房者形成良好互动，平台、开发商与购房者之间就能形成一种互为支撑的力量，只要处于这种良性生态圈，这股力量的发展势头就会越来越猛。

3. 抓住“风口”打造“直播经济生态圈”

2020年的疫情之下，线上经济化危为机，迎来了一波飞速发展期，尤其是在线直播同线下物流相结合，加速形成了以消费者为中心的“泛零售业”，成为经济发展的新亮点。

为了推动上海经济的全面复苏和加速发展，上海抢抓直播经济“风口”，发力推动消费复苏，努力打造“上海购物”品牌新亮点，抢占了ICT（信息和通信技术）产业发展“窗口”，加快了在线直播基础设施建设。

为了扶持直播平台，上海将直播行业纳入优先重点扶持产业，引导具备自身特色的直播平台发展。同时，对本地MCN机构进行有效监管和规范，促进MCN机构达成行业自律共识。接着，站在直播产业链上的企业角度，引导产业合作，以产品轴、服务轴和产业轴等三大坐标系构成了“三维立体产业体系”，聚焦产业融合，打造了“直播经济生态圈”。

上海百年老字号“杏花楼”，第一次线上直播10秒，就售出了13万盒“咸蛋黄肉松青团”。

上海新世界城、上海家化等知名品牌也通过线上直播的带货模式，提高了销量。

餐饮、房地产和汽车等行业也展开服务型直播，有效拉近了品牌与消费者的距离。

直播经济借助发达的物流网络，可以帮企业打破传统零售的地域限制，促使消费者的线上认知转化为线下消费行为，有利于提升品牌营销效果，带来新的经济增长点。

在推进传统品牌线上转型时，可以引导和扶持企业进行数字化改革，鼓励线下零售实体与线上直播平台创新联动，打造沉浸式的数字消费体验。电商直播企业，要从最初的网上开店、自建电商平台的“互联网+”，逐步发展到利用数字化技术提高运营效率，优化供应链，拓宽生态圈的“+互联网”模式。

直播赋能的行业众多，覆盖面更广，同时还衍生出了更多的新形式、新业态。比如，上海文化广场举办的“廿廿同行——2020演出季年度发布会”，其线上观看人数超过200万人次，同时上线的“艺起前行·演艺大世界·云剧场”，短短两天时间，观看人数就达到170万人次。由此可见，在线直播的成效非常显著。

第九章

认真筹谋，严格执行，让营销目标落到实处

一、设定可实现的目标，制订整体营销计划

营销，离不开目标的制定，因为只有确定了目标，后续的执行才能到位。同样，营销计划的制订，也是围绕目标展开的。

1. 找准目标人群

"全民直播"的时代场景下，网络直播受众的需求更具多样性。因此，企业在制订直播营销计划的过程中，必须从自身的品牌和产品受众出发，与直播受众相结合，才能通过直播营销找到准确的消费人群。企业只有找到准确的目标人群，才能为直播营销产生利润打下基础。那么，应该如何找准目标人群呢？

（1）首先用品牌来定位受众，找准目标。品牌是企业的代名词，经常会凭借自身的效应捆绑市场中的部分消费者。也就是说，被这些品牌"捆绑"的消费者，就是品牌定位的受众。以品牌定位受众最好的案例就是"海澜之家"，它精准定位了广大男性消费者的服装市场。从一定意义上来说，品牌定位受众是企业营销市场中最大的用户来源。如今，消费者逐渐不满足于单纯地解决消费需求，品牌给予消费者的便捷度、满足度等都会成为消费者购买的原因。因此，在制订营销计划的过程中，一定要重视品牌所定位的受众，且要以品牌定位的受众为主。

（2）其次用产品来定位受众。产品不一定起源于消费者，但产品最终要回归消费者，才能在一定程度上定位营销受众。目前，产品定位受众有两种模式：

①企业利用产品来开发消费者市场。也就是说，这类企业在研发产品的过程中，都是先有产品后有需求。这种情况看起来似乎违背了市场中"顾客至上"的理念，但多数大型企业都会在后期产品研发生产的过程中采取这种模式。因为，普通人的观念可能无法跟上前沿科技的发展，只有优先推出科技产品，对产品的营销模式进行相应调整，以产品来引发和带动消费者的需求，才能让这些前沿的科技新品成为大众的日常必需品。产品进入市场后，以自身魅力让消费者产生需求，消费者经过日积月累，最终就会变成产品定位的受众。

②企业根据消费者需求生产相应的产品。也就是说，企业在进行生产之前，已经对市场进行了深入的了解，已经融入消费者群体中，初步为产品的定位起草了框架。例如小米，就是根据消费者的需求来制定产品，因而推出了性价比高的智能手机，结果很多消费者都成了小米的受众。

（3）直播与品牌、产品受众的结合。目前，直播营销是最为火热的营销模式之一。不同社交媒体的出现，以及消费者年龄层次的分化，让直播的受众定位到 80 后、90 后身上。可见，直播在某种程度上也为企业的营销市场带来了一定的局限。企业在制订直播营销计划之前，必须将直播与企业品牌、产品结合到一起，找到市场中真正能被直播营销吸引的人群。

乐视全球云直播与众信旅游联手打造了"边旅游边恋爱"的直播节目。这档单身直播旅游节目，不仅为观众展示了相应的旅游路线，还融入了相应的恋爱元素；不仅吸引了80后与90后的受众，还以“旅游+爱情”为主题，将直播受众中的单身人群与众信旅游品牌、产品的受众相结合，多方面直击营销市场，让消费者群体对旅游产生兴趣和向往，进而实现销量的转化。

可见，企业要想利用直播营销深入一定的市场，就要依据自身的品牌、产品来进行确认。只有将直播、品牌和受众结合到一起，才能准确定位到市场中的目标人群。

2. 直播营销的流程

利用直播的形式进行营销，需要经过以下几个流程：

（1）项目自身优缺点分析。人无完人，任何项目都不是绝对完美的，开展直播营销的时候，要准确分析自己的优缺点，例如，欧莱雅、小米等品牌，开展直播营销有经费充足、人脉资源丰富的优势，可以有效地实施任何想法。但是，对于多数公司和企业来说，并没有这样充足的资金和人脉，所以这就需要充分发挥自己的优点来弥补，才能取得意想不到的效果。

（2）良好的直播方案设计。这一步的关键是，为用户呈现重要的方案内容。整个方案的设计，都需要销售策划及广告策划的参与。在直播过程中，过分地进行营销，只能使好的营销方案流产，所以在设计过程中，就要对“如何把握视觉效果和营销方式”等问题，进行多方的商榷，直至得到一个满意的答案。

（3）准确的市场调研。直播是向大众推销产品或者个人，推销的前提是深刻了解用户的需要是什么、你能为用户提供什么，并避免同质化的竞争。俗话说“好的开头是成功的一半”，只有在做好市场调研后，熟练地将调研后总结的用户情况运用到自己的直播内容中，才能制订出真正让大众喜欢的营销方案。

（4）市场受众定位。营销过程能够产生结果，这样的营销才是有价值的。要通过调研了解这样几个问题：你的受众是谁、他们能够接受什么等。比如，面对耋耄之年的群体，就不能执着地推销女士化妆品。只有找到合适的受众，才能做好整个直播营销。

（5）直播平台的选择。现在的直播平台样式繁多，根据属性不同，可以划分为不同的领域。如果想销售电商产品，直播平台就能给你的产品带来意想不到的流量。所以直播之前，首先就要确定合适的直播平台，找到合适的直播渠道。

（6）后期的有效反馈。营销的结尾最终都要落实在转化率上，因此，直播营销不仅要做好后期反馈，还要以此为基础对方案进行修整，将营销方案的可实施性不断提高。

3. 直播营销的步骤

直播集合了网络化、视觉化、可交互等三大特点，是连接目标群体有效且流行的方式。营销的目的是挖掘直播的价值，从而实现自己的利益诉求。直播营销从准备到实施大致可细化为下述9个步骤：

（1）挑选平台。直播平台很多，流量大的有映客、花椒、斗鱼等，还有几乎每天都在不断涌现的新平台，要想取得直播营销的理想效果，就要选择好的、适合自己产品的平台。

（2）填充内容。完成直播台本的写作，包括直播时用到的文稿、主播等人的运动轨迹、出镜事物的调度，都要提前准备好，并且都要贴合直播的主题、产品特性、用户需求等。

（3）设计形式。要提前设计好直播形式，根据需要确定是单一镜头直播、多机位直播，还是多直播间联动。并且提前准备好人员、设备等，为直播开始保驾护航。

（4）直播立项。直播需要一定的技术基础，需要人员、设备等前期投入，因此，评估直播营销是否有可行性、完成立项准备，非常有必要。

（5）直播定位。了解市场，确定直播定位，需要了解自己的产品情况、直播平台的特点、消费者的信息需求等信息，找准直播的立足点。

（6）宣传推广。做好了前期工作，接下来就要将消息传播出去，通过信息推广、粉丝维护、活动策划等将直播的时间和频道传达给用户。

（7）设定场景。直播有即时性，要提前计划好直播的场景和拍摄方式，比如，课堂、生产线、销售端等都可以作为直播的场景。

（8）分析用户。锁定用户群，迎合用户的潜在需求，从用户角度出发，为后续直播形式、内容的选择提供理论支撑。

（9）获取变现。无论是想通过直播促成交易，还是想获得用户完成引流，变现都是实现直播价值的关键一步。通过使变现通道更为通畅、给用户发出积极暗示等，都有利于成功变现。

二、准确传达直播方案，确保各项工作同步协调开展

执行的过程中，要正确传达直播方案，不能出现偏颇。如果这一点不能做到，相应的各项工作就无法协调进行。为了实现这一点，就要了解和细化直播营销活动的策划、直播平台的营销策略及相应的注意事项。

1. 直播营销活动策划

直播营销活动策划，关键在于以下几步：

（1）确定活动主题和目的。首先，要确定此次直播营销活动的主题及目的，究竟是拓展新用户，还是促进老用户活跃，提高续费？目的不同，逻辑也就不同，在最开始策划时，就要确定好基调，以防团队在后续实施时出现偏离。

（2）活动的具体实施。活动负责人在现场统筹实施，保证直播有条不紊地进行，如果遇到突发问题，要在第一时间安排技术人员解决，也可以将技术层面的问题全部交给直播服务商。

（3）活动结束后的复盘。活动结束后，负责人要组织团队进行复盘，看看活动最后产出是否达到预期？同时，总结经验与问题，优化整个流程，确保

下次直播得到提升。

（4）所需资源及费用预估。不仅要做好资源及费用预算，还要处理好录像设备、场地租赁等情况。此外，还要将人力成本算在其中。

（5）活动流程及人员安排。制定详细的活动流程，及相关负责人员安排，分配好主持人、嘉宾、助理等角色，并将流程公布到整个团队，使参与直播的团队都了解并相互配合工作。

（6）估计预期达到的效果。对直播活动预期达到的效果进行量化，比如，可以拿到多少回款、建立多少商机等。

2. 直播平台的营销策略

直播平台可以使用的营销策略主要有：

（1）打赏和广告营销。直播平台与主播签订合约，主播收到粉丝打赏后，就能靠分成来赚取利益。粉丝花钱购买礼物，送给主播的行为，是粉丝实现自我满足的过程，可以让粉丝得到虚荣心的满足。礼物越贵，代表身份等级越高，就能吸引大量的投资者和创业者。在这种情况下，优质的主播就成了加强主播和粉丝互动的关键。直播平台要利用粉丝对主播的喜爱，植入一些产品广告，从而可以取得不错的营销效果。

（2）垂直营销。垂直营销是指用户可以在直播的同时通过发弹幕提问等方式与主播或商家进行直接沟通和交流，了解更多的商品信息，形成互动。比如，以“明星 + 公益”“直播 + 淘宝”为切入点的直播形式，已成为越来越多的直播平台获取利益的方式。这种营销手段，不仅可以激活用户的体验需求，还能加强主播与粉丝间的交互，以动态的角度向用户展示商品，形成更直观、更全面的感官刺激。

（3）技术营销。近几年，虚拟现实 VR 技术、人工智能、CDN 技术等正处于突飞猛进的发展态势，许多直播平台都利用该技术，对网络直播进行了从视觉到听觉的系列改进，大大提升了用户体验的效果，缩短了用户与平台之间的距离，吸引大量的用户流量，为直播平台带来了更多的潜力和发展空间。

目前，直播平台还在不断地建设完善中，大平台虽然已经占领市场，但小平台也仍有可以开展的空间机会。但是，不管是大平台，还是小平台，在直播营销中如果不采取创新性的改革方式，就很难得到继续发展，最终可能被市场抛弃。

3. 策划直播营销活动的注意事项

随着全民直播时代的到来，在全球网络中已经形成海量的直播流量。未来的营销市场必定会建立在流量的基础上，而传统的文字、图片、视频广告等已经不再是创造流量市场的最佳方式。直播营销出现后，营销商纷纷跳出传统的广告模式，开始使用直播的方式来扩建流量市场。因此，直播营销已然成为未来营销方案的标配。但是，也经常会遇到这样的尴尬境况：花费巨资打造的直播现场，不仅无法提高直播内容的质量，还容易违背直播的草根性，造成“利润转化低”的问题。因此，企业在做直播营销时，要注意以下三点：

（1）不要碰社会的底线。直播营销背后需要庞大的粉丝群体来支撑，为了吸引眼球，有些直播平台就会使用低俗、消极的内容。这类内容虽然不会长久保留，却会带来短暂的大流量，结果有些平台就会不断地触碰社会底线，靠打擦边球来获得收益。这种做法，只能让直播的“寿命”变得短暂。想要让直播营销做得长久，就要建立一个健康、积极、向上的直播平台。

（2）主播特点跟产品相契合。对于商家来说，主播都是“推销员”和“代言人”，然而并不是所有的美女帅哥主播都适合“推销”“代言”所有产品。比如，奢侈品法国娇兰，之所以会让杨洋来主持直播，是因为杨洋的长相、气质、性格、说话方式等各方面与其品牌形象相符合。

（3）话题具备讨论价值。主播提出的话题，只有能够引发观众共鸣、激发起观众讨论，才是真正有意义的。观看直播的粉丝能够在讨论的过程中彼此互动，他们才会主动给主播留言，与主播互动。因为，主播的初衷是“社交”，失去“社交”，直播也就失去了价值。

三、坚持目标导向思维，保证执行一步到位

直播计划的执行，必须以目标为导向，必须一步到位。忽视了这一点，就会像无头苍蝇一样乱撞，执行力也会受到影响，直播营销的效果，自然也就无法达到。

1. 有效地做好直播营销

（1）让直播与众不同。所有的直播平台似乎都千篇一律，卖萌、卖腐、

卖颜值等已经成为人们对网络直播平台的一个典型印象。这时候，只要懂得另辟蹊径，就能收到意想不到的效果。因此，在直播之前一定要想好自己要去直播什么、其他主播是否也在做……没有被挖掘的市场一般都充满了机会，在直播市场逐渐规范化的今天，一定要选择合乎规范的特殊性直播。

（2）专业化的导向。不同的产品有不同的推销方式，对于专业性强的产品，在推广的过程中，就要讲究其专业性。对生活中不熟悉的事物，我们总是充满了陌生感，刚开始接触时都希望通过专家来给予自己恰当的指导，因此，专业性在营销过程中总是会更吸引粉丝。

（3）常规性直播。如果公司经费不是太足，就可以使用红包诱惑的方式。在小米 MAX 直播中，粉丝为何会在午夜一两点钟依旧在手机屏幕前不断地刷屏，答案就是红包！只要给粉丝发出一些直播红利，就能收到意想不到的直播效果。

（4）场景化的引导。主播的衣着、发型、妆容、配饰、语言等都会成为人们关注的重点，因此在这些关注点上将与生活相关的产品融入直播，也是一种很好的营销方式。

2. 直播营销的策略和模式

直播营销的三种经典模式如下：

（1）品牌＋直播＋明星。在线的主播千千万，观众为什么会主动走进你的直播房间？“这里有明星”显然是一个不错的理由。典型案例就是欧莱雅“零时差追戛纳”。在戛纳电影节上，欧莱雅全程直播了巩俐、李宇春、井柏然等代言人在戛纳现场的台前幕后。尤其是走红毯前的化妆阶段，介绍他们使用的各种欧莱雅产品，比如，李宇春的水光气垫 CC、井柏然说水凝保湿是他的孩子、巩俐分享化妆包。结果，直播 4 小时后，李宇春同款唇膏在欧莱雅天猫旗舰店便售罄。

明星效应一直都很强大，特别是直播正在进入平民化阶段，只要大牌明星出现，就能立刻抓住眼球、产生轰动效应，而且导流能力极强，能为品牌带来真金白银的销量。

（2）品牌 + 发布会 + 直播。国内企业触发直播这项技能的另一种普遍姿势就是发布会直播，表现最突出的是新晋网红雷布斯。小米曾举办过一场纯在线直播的新品发布会，在五彩城的某个小米办公室里，雷军通过十几家视频网站和手机直播 App，发布了其传闻已久的无人机。

线上发布会有很多优点，比如，少了场地、搭建费等投入；提高了米粉的参与度，每个人都可以留言向雷军提问。同时，作为国内第一次纯在线直播的新品发布会，它还具有事件营销的资质。

当然，发布会直播不是想做就能做的，其最大的门槛是出任主播的企业 CEO 的临场能力。

（3）品牌 + 直播 + 深互动。虽然业界对直播营销的探索依然处于初级阶段，但有一点已经形成共识：直播最大的优势在于，能够给用户带来更直接、更亲近的使用体验，甚至可以做到零距离互动。这一点，其他营销方式无法企及。

3. 新手主播的执行手册

（1）介绍产品时，不仅要使用专业术语，还要讲解它对用户的价值和影响。直播时，要增加与粉丝用户的互动内容，比如，让大家猜猜它是什么、有什么作用。这种互动，不仅可以用来暖场，还能解决直播时间没到但粉丝已经开始看你的直播的尴尬。

（2）直播的时候，语速要快一些，多些幽默感。直播能留住粉丝的，要么是声音，要么是颜控，接下来才是内容，所以最好采取轻松、诙谐、幽默的方式。

（3）直播时，要把时间做个区分，前半部分讲产品，后半部分专门解答用户问题。要认真对待每一个用户的提问。

（4）屏幕上看到的粉丝用户 ID 或大号 ID，可能只有一两个人，背后却是强大的团队，所以直播前要列好提纲，做好突发情况的应对。

（5）打造好主播的服饰和场景，但不要哗众取宠。若是抖音直播，最好提前上线，调好滤镜和美颜，提前外放背景音乐。

（6）养成一个习惯，点名欢迎："欢迎 ××× 来到直播间"，如此，用户就会增加停留时间，形成较好的亲身体验。

（7）为了避免画面抖动，最好准备好手持云台，这样用手机直播时，才能获得较好的稳定性。

（8）直播时，要反复强调你的 IP 简称 / 产品品牌，强化印象，邀请点左上角关注。

（9）直播要用竖屏，不要搞错了。

（10）直播的最终目的是引流，要吸引用户关注你、关注你的店，可以通过送些预约服务、福利等方式来提前引流。

四、基于数据定期复盘，全方位提升运营能力

复盘，是在营销结束后的收尾工作，不仅必要，而且重要。既然要提升直播营销的运营能力，就要关注复盘，而且还要定期做好复盘。

1. 复盘，直播必不可少的环节

直播带货的背后，都是整个团队能力的较量，这里提到的复盘虽然简单，但不能不做。复盘究竟有哪些步骤呢？

（1）量化目标。设定直播的目标很不容易，特别是刚入坑的新手，没有参考项，也不了解自己的能力，不知道自己能够达成什么目标。这时候，最好留意一下同行，通过同行的数据分析情况，结合自己的需求预期，设定初始目标。

分析同行或行业第三方的数据工具有很多，比如，婵妈妈、知瓜数据等，可以找到网红、达人、商品等的排行榜，以及与自己相关行业的带货数据等。通过分析同行，就能知道目标的设定，比如，每天涨粉多少，商品点击数是多

少，订单数是多少等。把可以量化的数据归总在一起，加上自己的预期数据，就能生成本场直播的预定目标。

当然，卖货是直播的主要目标，其他都是次要的。但是，不能在一开始就设定太高的卖货目标，可以先从交朋友吸引粉丝关注开始，最初可能不赚钱，但在这个阶段可以将发现问题当作目标，从而探索出适合自己的直播模式、风格。

（2）数据分析。所有结果的呈现都是数据说了算，前面提到的团队复盘是很难通过数据进行考核的，只能人为地去评价具体的对错与好坏。对于刚开始直播的人来说，数据样本量还远远不够，无法看出数据的波动与趋势，也无法对平台的算法与规则做总结。因此，操作一段时间后，能看出各方面的数据量变化了，再进行数据分析。

现在的直播平台都有数据报告，可以从中得到主播、粉丝与商品等的相关数据，然后据此进行对比分析便可得出结论，一般可用来参考的数据有直播时长、粉丝停留时长、互动数、增粉数、商品点击数、订单数等。

当然，分析数据时关键还要看变动。无论数据是上升的，还是下降的，都跟直播的细节有着密切关系，比如，直播时长较短，得到平台的推荐较少，进入直播间的观看人数就会很少。

慢慢地多方实操后，把更多影响直播数据的因素找出来并总结，就能顺利地进入下一个阶段，进行问题的改进。

（3）问题改进。找出问题后，要对问题进行分类。比如，设定几个重点问题分类，像流量问题、转化问题、留存问题等，然后将找出来的问题一个个往里面放，最后再针对性地解决问题。问题解决后，如果数据结果是往好的方向增长的，那这个解决方案就是可行的。当然，将问题解决了，数据也不可能一直变好，只能说是总体趋势变好，因为在未来的直播中还会出现很多预想不到的问题。

（4）复盘记录。复盘记录就是做最后的总结。每场直播的复盘记录，重点就要做好三件事：首先，将上文所提到的团队复盘数据、商品复盘数据、直播间复盘数据等做好记录；其次，对预期目标与达成目标进行对比；最后，找到问题分类与解决方法。

当然，如果想复盘到位，还需要收集粉丝观众的反馈信息。反馈的来源渠道，既包括直播平台上的评论、私信和在线客服，也包括预热时在新闻媒体、社交平台上收到的反馈。

2. 从经典案例看复盘

在每个案例背后都会有复盘分析与总结，复盘是对每一次行动后的深刻反思和经验总结。吸取整个复盘过程中沉淀下的经验，就能避免同样的错误不再犯；形成团队标准化执行流程，就能传承经验和提升执行能力，继而提升执行效率；可以总结出规律，更好地应对未来。

事实证明，复盘是辅助目标达成最好的动作优化工具。

以美食节目《茜你一顿饭》为例来说明：

美食直播节目《茜你一顿饭》，由十一号传媒和华盟新媒联合出品，并由叶一茜担任主持人。该节目每期都会邀请不同的明星嘉宾做客叶一茜的私家厨房，开启美味直播。2016 年 7 月 15 日起，每周两天，这档节目都会在优酷直播和手机淘宝直播双平台播出，这也开创了常态化明星直播综艺的全新模式。

由叶一茜、大左、刘维、马松四位当红主持人组成的“茜你家族”，将美食、明星综艺、直播和电商完美结合在一起，传递出了健康、时尚、家常的美食主张，不仅如此，还给观众奉上最新鲜热辣的明星八卦，吸引关注量。在直播过程中，网友还可以提问，对于这些提问，主持人都会认真回答，并进行了多轮次的抽奖互动。

《茜你一顿饭》首度实现了从内容到电商的全面打通，开启了“内容 + 互动 + 电商”的直播新玩法，为观众带来了升级版的“边看边买”一站式购物体验。

复盘数据如下：

7 月 15 日第一期，主打商品销售 1634 件，1606 人加入购物车。

9 月 5 日第七期，关八会长花式打广告视频，微博播放 36 万次。

10 月 3 日第十五期，直播峰值突破 160 万人次。

10 月 17 日第十九期，粉丝亲临现场，点赞数突破 52 万个。

20 家微博大号 27 次直发 / 转发官微，转评数多达 4300 多条。

话题阅读量累计 1.5 亿人次，相关话题 4 次登上微博热门榜。

252 篇新闻稿件在 35 家平台投放，32 次推首页焦点。

自媒体社交平台投放近 70 篇稿件，11 篇阅读量过万。

10 篇微信公关稿投放，阅读量最高达“10 万 +”次。

16 家 App 强强联合累计 135 次首页推荐。

3. 直播复盘的核心思路和重点内容

（1）核心思路。直播复盘的核心思路有两个：一个是经验总结，一个是数据分析。

①经验总结。数据分析和总结只能体现直播的可观效果，而流量设置、团队协作、主播的台词等主管层面无法用数据获取，需要直播平台进行自我总结，进行团队讨论，做出总结，并将总结结果记录、整理成经验手册，供后续直播营销参考。

②数据分析。需要分析的数据主要包括：品牌口碑数据、目标用户比例、效果数据、直播目的中的产品、直播目的中的用户、直播目的中的目标等。

（2）分析品牌直播营销后的口碑效果的方法。

①问答。结束了一场游戏直播后，通常会继续吸引对产品有感情的网友在互联网中进行讨论。尤其是在科技类的新产品发布会结束后，网友还会在知乎、头条问答等渠道提问和了解关于产品的更多信息。因此，团队要在问答类网站进行搜索，统计发布会后网友的提问数量及回答质量。

②微信指数。微信指数可在微信的手机用户端查询。在微信最上方的搜索入口，输入“微信指数”，并点击“搜索”按钮，就能在搜索结果页面中找

到“微信指数”，点击后即可进入指数首页。

③大众点评。线下服务行业，如饭店、美发店、酒店、电影院等的品牌口碑情况，可以借助大众点评的量级数据进行分析，统计出直播前后的大众点评星级分值，从而计算出直播效果。

④百度指数。百度指数是指根据百度海量网民的兴趣和需求而检测舆情动向的热度数据值。借助百度指数，可以研究关键词搜索趋势、洞察网民兴趣和需求、检测舆论动向、定位受众特征。

⑤头条热度指数。头条热度指数是指根据今日头条的指数模型，将用户的阅读、分享和评论等行为的数量加权后得出相应的事件、文章或关键词的热度值。

⑥新浪微指数。新浪微指数是基于微博用户行为数据，采用科学的计算方法，统计得出的反映不同事件领域或某品牌的讨论热度。

（3）目标用户比例的分析。

①自媒体互动数据分析。微博、微信等自媒体平台，在粉丝关注后可以直接推送一条自动回复的欢迎词。直播开始之前，可以提前在“被添加自动回复”功能处设置关键词、友好地引导粉丝回复其来源渠道。在直播结束后的24小时，从后台回复的这些数据，可以分析并得出更有效的直播平台及更精准的推广渠道。

②页面浏览数据分析。页面浏览数据可以在网站或网点后台通过“流量分析”功能获得。进行页面浏览数据分析时，要关注“访问时间”数据，访问时长大于5秒的数据属于有效数据，而访问时长小于5秒的用户通常对产品或

品牌不感兴趣。只有访问时长超过 48 小时的用户，才是有意向的用户。

③问卷抽查数据分析。这种方法适用于直播结束后建立粉丝社群的企业。首先，在问卷网、金数据、麦客网等网站设计问卷，对粉丝的来源渠道、最感兴趣的直播环节等进行调研；其次，将问卷发在粉丝群，邀请粉丝填写问卷。为了提升粉丝填写的比例，增强问卷调研的有效性，可以利用红包、积分或礼物等方法，鼓励更多的粉丝参与。

（4）直播经验的总结技巧。

①需要对直播过程中涉及人的因素进行总结，尤其是在团队协作过程中，不同性格的团队成员会呈现不同的做事风格。作为一支完整的团队，需要将成员的优势充分发挥出来，尽量避免成员劣势，在团队沟通环节中尽量减少人为失误。总结过程中，不仅要对新媒体团队成员进行总结，还要对主播、嘉宾等进行总结。

②要对直播“材料”进行总结。直播活动不涉及原材料或半成品加工，此处的“材料”主要指直播台词、直播环节设置、直播互动玩法、直播开场与收尾方法等提前设计好的内容。虽然这些内容已经提前设计好，但需要总结出内容是否有效发挥、有无因未考虑到的环节而导致现场混乱等。

③要对直播环境进行总结。主要是针对现场声音清晰度、灯光亮度、现场屏幕流程高难度等方面进行讨论与回顾。此外，还要重新在直播网站进行环境评估，尤其是直播现场画面在网页及移动端的适配程度。

④要对直播的方案正文、项目操盘表、项目跟进表等进行总结，尤其是重新评估项目操盘表是否具有实际指导价值、项目跟进表是否能有效地引导团

队成员进行直播相关的运作等。

⑤需要对直播硬件设施进行总结，对场地的布置、直播手机的性能、电池的耐用程度、道具的尺寸设计等进行讨论。

⑥直播后的归类和整理。在直播结束后的复盘中，要注重对经验、教训、问题及方法的分类和整理。

经验类：直播整体或直播过程中的某个环节达到预期甚至超预期的，可以作为经验进行记录，便于下次直播参考。

教训类：对目标甚至影响最终效果的部分，要总结为教训，在后续直播中，尽量避免。

问题类：直播过程中遇到的新问题，要记录下来，后续直播必须将此环节考虑在内。

方法类：遇到问题后的解决方法，也要记录下来。

后 记

有人的地方就有商机，有人的地方就有营销，一种新媒介的出现必将导致一种新的营销文化的产生，从电视到互联网，从PC到手机端，从微博到微信，每次的媒介变革都会带来一场营销的革命。

全民网络直播时代已然来临。市场调查数据显示，直播平台数量已经接近200家，且这个数字还在不断增加，平均每隔3小时就会出现一款新的直播App，从腾讯的斗鱼、百度的云直播、新浪的一直播、花椒直播、映客直播，到王思聪的熊猫TV直播，各路人马争相出现。

直播是什么？直播是一种即时的互动，是一种社交方式，是一种娱乐方式，也是一种新的内容生产方式，一个内容聚合的平台，可以将当前世界正在发生的事情汇聚到一起，以普通用户自发生产的内容为基础，引发人们与价值内容的关联。

直播的好处就在于，在互联网媒体的基础上，融入了传统媒体的特色，分散了各处的注意力，使用各种造势手段，被吸引到某一个平台，在某一个时段聚焦，其营销效果不言而喻。在直播前时代，企业推出新产品时，要想在线下举办发布会，就要利用微博或淘宝在网上进行交易，在贴吧论坛制造各种热点和消息，而且到达现场参加发布会的人数还因各种因素而有限制。而直播时代，各大品牌在线上直播的品牌发布会一直都不新鲜，并且还颇受粉丝关注，不论是苹果手机，还是小米手机，都可以让众多粉丝守候在屏幕前，这种发布会的地点不再局限于会场，互动方式也更多样和有乐趣，有话题，有互动，更能吸引人们的眼球。

从最早的娱乐直播到商演直播，再到电商直播的成熟，可是看出，直播已是大势所趋，并被互联网巨头所重视。就连微信小程序都开放直播端口，这着实令整个市场为之震撼，这意味着直播在微信生态圈内具备诸多的特权，例如，终端用户无须下载 App，在微信内就可一键操作，点击就可进入直播间，一键就可分享至好友和朋友圈，在众多成熟平台的高门槛下，这给了众多素人进入的机会。对这个群体而言，虽然在其他平台很难获取粉丝，但在微信上本身就拥有较多的私域流量，转化率也明显高于其他平台，通过社群裂变的抱团方式，普通素人的影响力和发展空间也可以与网红及明星不相上下。这也是为什么益企播微信直播这个新秀平台瞬间就涌入了大量的原依附于微信生态圈内的商家及用户的核心因素。

营销中存在的问题主要包括：

（1）秀场经济无法摆脱。比如，“花椒”的初衷是打造陌生人交友平台，于是提出了“人人都是主播”的概念。直播类要求时间长，想要创造高质量的 UGC，门槛很高，为了让大家在长时间里不感到厌烦和无趣，要么你提供的内容精彩，唱歌跳舞脱口秀；要么你的颜值高，脸蛋身材样样好。在这样一种比谁“秀”得更好的秀场氛围中，“人傻钱多”的土豪刷两台“法拉利”就能博得美人一笑。经过市场筛选，秀场经济造成的低质量内容充斥平台，蚕食着初衷较好的花椒。可见，秀场经济依然是移动直播行业无法摆脱的痛点。

（2）缺少情感沟通。不同于博客、SNS网站、微博等网站形式，直播平台没有设置受众抒发情感的功能板块。电视广播的信息传播是单向的一对多，移动直播比传统电视广播的直播多了实时互动，但这仅限于播放的过程中，在直播结束后就没有了，所以留存率的效果较差。在微信内推的广告之所以效果好，就是因为关系网强大，用户多，留存率高，打开次数多，广告曝光次数多，自然地营销效果就很好。

随着互联网商业形式上的相对固化，内容日益成为竞争的焦点。视频移动直播行业也是如此！前期，用户可能被秀场模式吸引而来，之后便会渐渐失去新鲜感，缺少让用户继续留下来的内容，用户就会流失，营销效果也就无从谈起。可以预计，在经历了前期的秀场拉新之后，视频移动直播必然会迎来内容竞争的时代，依靠纯粹的UGC模式，就无法进行视频移动直播内容的生产。未来视频移动直播应用之间，很可能会在自制节目上展开激烈角逐，因此，直播内容的好坏也就成了衡量营销效果的因素。